Christine Dohler

22 Fragen an dein Herz, die dein Leben mit Liebe füllen

Buch

Als Christine Dohler begann, das Herz als ihren weisesten Kompass zu befragen, öffnete sich das Leben aus einer ganz anderen und wahrhaftigeren Perspektive. In diesem inspirierenden Buch ergründet die Autorin 22 Fragen über die Liebe – die Antworten kommen unverfälscht und intuitiv aus dem Herzen. Diese sind universell gültig, machen Mut, geben Zuversicht und eröffnen eine befreiende Perspektive auf die wahre Liebe.
Begleitet von praktischen Übungen und Impulsen lädt dieses Buch zur Selbstreflexion ein.

Autorin

Christine Dohler ist Autorin, Meditationslehrerin und systemischer Coach. Sie wurde u. a. an der Henri-Nannen-Journalistenschule ausgebildet.
www.christinedohler.de

Von Christine Dohler ebenfalls im Programm:

Rituale (22320)
Rauhnächte mit Kindern erleben (22360)
Die weibliche Energie der Rauhnächte (22388)

CHRISTINE DOHLER

22 Fragen an dein *Herz*, die dein Leben mit Liebe füllen

Ein Kompass für Mut und Vertrauen

GOLDMANN

Penguin Random House Verlagsgruppe FSC® N001967

2. Auflage
Originalausgabe Februar 2024

Umschlag: Uno Werbeagentur, München
Umschlagmotiv: FinePic®, München
Redaktion: Andrea Kalbe
Satz: Satzwerk Huber, Germering
Druck und Bindung: GGP Media Gmbh, Pößneck
Printed in Germany
SC · CB
ISBN 978-3-442-22383-1

www.goldmann-verlag.de

»Nichts und niemand ist vertrauenswürdiger
als das eigene Herz«

Für David

INHALT

VORWORT

Ein Herz ist magnetisch. Herzweisheit ist intelligent, frei und kann nicht anders, als zu lieben. Das Herz ist damit tausendfach schlauer als der Verstand, weil es intuitiv entscheidet, zum höchsten Besten aller. Und weil es von einem elektromagnetischen Feld umgeben ist, das bis zu 5000-mal stärker sein kann als das um das Gehirn. Nichts und niemand ist vertrauenswürdiger als das Herz. Mit der Energie und Weisheit unseres Herzens erschaffen wir unser Leben – bestenfalls in Zusammenarbeit mit dem harmonisch ausgerichteten Verstand und der Schöpferkraft aus unserem Unterbauch.

Bis ich das für mich beherzigte, brauchte ich eine Weile. Es gab in mir so unendlich viele Fragen zur Liebe und zum Leben. Auf der ganzen Welt suchte ich streckenweise verzweifelt Antworten auf die Fragen: Was ist Liebe? Und wie kann ich sie leben? Wie kann ich sie teilen? Ich fand sehr lange keine Antworten, die ich fühlte. Und ich traf zu wenige Vorbilder, die mich an die Liebe glauben ließen.

So oft hörte ich nicht auf mein Herz, vertraute ich nicht auf diese eigene Intelligenz, sondern auf das, was mein Kopf mir voller Vernunft sagte. So rannte ich durch das Leben. Ohne Kompass. Gehetzt, gestresst, oft haltlos, mal traurig, mal glücklich, voller Sehnsucht und unter Druck. Ich arbeitete zu viel, ich vertraute und liebte, um meinen Selbstwert zu erhöhen, und lebte zu wenig, weil ich es mir nicht erlaubte und weil ich nicht wusste, wie genau. Ich dachte, um geliebt zu werden, müsste ich etwas dafür tun. Ich wartete auf Textnachrichten von Männern, die gar nicht dasselbe wollten wie ich: eine liebevolle Beziehung. Ich schämte mich, Single zu sein, obwohl ich oft weniger Konflikte hatte als Ehepaare in meinem Umfeld. Wenn ich mit mir selbst war, fühlte ich oft mehr Liebe. Wie konnte das sein? Und irgendwann war ich überzeugt, dass ich gar nicht liebenswert und beziehungsfähig bin, obwohl ich so viele harmonische Beziehungen zu Freund:innen, Kindern, Tieren und der Welt um mich herum führte. Ich fühlte mich komplett einsam und isoliert, weil ich nicht in die Gesellschaft und zu normierten Vorstellungen passte. Oder war es umgekehrt?

Dabei flüsterte mein Herz immer mal wieder: Halt, stopp, das ist es nicht! Dieser Weg, diese Denkweise fühlen sich falsch an. Aber das hörte ich nur, wenn ich innehielt und die Verbindung mit mir und meinem Körper bewusst wahrnahm, wenn ich in mein authentisches Sein eintauchte. In einen Raum, wo nur mein Inneres präsent ist – und alle anderen Stimmen ausgeblendet sind.

Da las ich ein Zitat von Albert Einstein, das ich tiefer verstehen wollte: »Nur wenige Menschen sehen mit ihren eigenen Augen und fühlen mit ihrem eigenen Herzen.« Das würde bedeuten, dass viele von uns im Autopilotmodus leben. Getrennt von sich selbst. Für mich traf dies zeitweise ebenfalls zu.

Erst als ich den Weg zu meinem Herzen fand und lernte, zuzuhören, stellte ich keine Fragen mehr an andere und zweifelte nicht mehr an mir. Ich suchte nicht mehr nach Antworten in der Welt. Ich ging in einen inneren Dialog und fand eine Quelle der Weisheit in mir, aus der ich unendlich Mitgefühl, Liebe und meine Richtung schöpfen konnte. Sie war die ganze Zeit in mir. Was für eine Erleichterung! Diese tiefe Erkenntnis war eine berührende Erfahrung, die mir Sicherheit und Vertrauen, ja auch Orientierung schenkte. Das fühlte sich entlastend an. Unabhängiger und freier. Deren Message und Motivation zugleich lautet: »Es ist nie zu spät für die Liebe. Sie ist überall.« Endlich konnte ich die lähmenden Gefühle von Liebeskummer, Verlustschmerz und Selbstzweifel, die aus Mangel entstanden, hinter mir lassen. Nicht immer, aber immerhin wusste ich den Weg, der für mich aus Meditation, Selbstreflexion sowie aus der Erinnerung an mein reines Sein, meinen Ursprungszustand, bestand.

Die Erkenntnis erweiterte meine Perspektive, und ich bekam ein Gefühl dafür, dass es viel mehr Liebe jenseits des begrenzten Verstandes gibt. Es gibt einen Ort, an dem nichts verloren ist und es nichts zu finden gilt. Tod und Leben sind dort eins. Anstatt einen Raum der Trennung erlebte ich einen Raum der Verbindung.

Dies änderte auch die Beziehung zu mir selbst. Ich lernte, mich wirklich zu lieben und der Liebe zu öffnen. Nicht als Konzept, nicht als Wunsch, sondern als tiefe, wahrhaftige Liebesbeziehung zu meiner Essenz, meiner Energie und meinem Körper. Ich konnte anerkennen, wer ich bin, und dass es okay ist, in vielem anders zu sein. Meine Herzfrequenz ist ebenso individuell wie mein Fingerabdruck, und das ist auch mein Weg. Ich schaute mit einer ganz anderen Perspektive auf mein Leben und darauf, wie es mich geprägt hat. So bin ich biologisch als Zwilling angelegt und habe meinen Bruder im frühen Stadium der Schwangerschaft verloren. Das wusste ich lange mit dem Verstand nicht, aber mein Herz. Ich fühlte mich unvollständig und suchte auf der ganzen Welt blind nach einem fehlenden Puzzleteil, nach dieser Einheit. Nach dem Gefühl, dass zwei Herzen völlig synchron miteinander pulsieren, als wäre es ein Herz. Es war nicht möglich, dieses Gefühl in der Welt zu finden. Aber es war möglich, mich in dieser Trennung zu finden. Denn irgendwann traute ich mich, durch den tiefen Schmerz und den Schleier der Illusion zu dem Moment zurückzukehren, in dem ein Herz aufhörte zu schlagen – und eins nicht. Und ich konnte auch erkennen, dass die Verbindung blieb und nichts jemals verloren war. Was ich suchte, war näher als nah. Ich startete noch einmal neu ins Leben und die Lebendigkeit, in der Vollständigkeit und im Vertrauen.

Rückblickend verstehe ich mein Leben bis hierhin und akzeptiere, dass alles so kam, wie es kam, und so ist, wie es ist. Voller Verletzlichkeit, Vertrauen und Authentizität. Ohne Scham. Ohne Druck.

Das Buch soll eine Brücke zu jenem Ort bauen, an dem Liebe grenzenlos und bedingungslos ist. Es soll vor allem die Menschen motivieren (unabhängig von den Beziehungen in ihrem Leben), die sich manchmal einsam und anders fühlen, aber entschlossen im Herzen sind: Ich stehe für mich ein, ich lerne, in meinen Schuhen zu laufen, und es gibt das Leben, das mich erfüllt! Und natürlich: Ich kenne die Antworten auf meine Fragen.

Außerdem bekommt die Herzweisheit und damit die wahrhaftige Liebe eine Stimme in diesem Buch. So oft sprechen wir über sie, nun erhält sie ihre eigene Energie, indem ich in den Antworten wiedergebe, welche Worte ich empfange, wenn ich mit der Energie verbunden bin. Sie spricht zu allen anders, allein schon weil wir unterschiedliche Sprachen sprechen und über verschiedene Sinne empfangen.

Ich schreibe dieses Buch nicht als allwissende Expertin. Aber das macht es so authentisch, denn wenn jemand behauptet, dass er oder sie ein:e Expert:in für Herzensangelegenheiten ist, dann bin ich skeptisch. Es gibt so viele verschiedene Beziehungen und in ihnen so viele Schichten. Es gibt so viele Formen der Liebe und dann wiederum nur eine Liebe. Es macht keinen Sinn, dafür Regeln und einen Rat zu haben. Und selten geben wir der Herzweisheit selbst Raum. In diesem Buch ergründe ich 22 Fragen über die Liebe – die Antworten kommen unverfälscht und intuitiv aus der Energie der Herzweisheit. Diese sind deshalb mehr als rein persönlich, sie sind auch universell gültig.

Die Weisheit des Herzens ist für alle zugänglich. Wir dürfen nur den Zugang dazu wieder öffnen. In unserem eigenen Tempo, auf unsere eigene Art.

Wir alle haben schon einmal den viel zitierten Satz gehört, den der kleine Prinz auf seiner Reise von dem Fuchs hörte: »Man sieht nur mit dem Herzen gut. Das Wesentliche ist für die Augen unsichtbar.« Das Zitat aus der Erzählung des französischen Autors Antoine de Saint-Exupéry ist weltberühmt geworden. Aber leben wir alle danach? Es ist nicht einfach in einer Welt, die vordergründig sehr visuell und fixiert auf Oberflächlichkeiten und Grenzen erscheint. Um diese Weisheit zu leben, braucht es Veränderung und Wachstum. Und es braucht ein Innehalten, ein Nichtstun.

Nur wer sich erlaubt, Stille im Inneren und Äußeren entstehen zu lassen, kann zuhören. Erst dem eigenen Herzschlag und dann der inneren Stimme. Dazu braucht es nicht nur innere Balance, sondern auch Vertrauen. Es gibt auch ein Sprichwort bei den Sioux, das diesen Weg beschreibt: »Die längste Reise deines Lebens ist die vom Verstand ins Herz.«

Die Reise lohnt sich – egal, wie steinig oder lang sie sein mag. Vielleicht ist es bei dir auch nur ein Schritt. Als ich begann, das Herz als meinen weisesten Kompass zu befragen, öffnete sich das Leben für mich aus einer ganz anderen und wahrhaftigeren Perspektive. Und dazu möchte ich dich von ganzem Herzen auch ermutigen.

Du liest keinen Ratgeber, sondern einen Impulsgeber und eine Inspirationsquelle. Die Antworten aus dem Raum der Herzweisheit machen dir bestenfalls Mut und geben Zuversicht. Sie eröffnen eine befreiende Perspektive auf die wahre Liebe. Sie lassen dich vielleicht (wieder) dem Leben vertrauen, sorgen für Halt und Gelassenheit. Und sie laden zur Selbstreflexion ein.

Das Buch gibt nicht nur besondere Antworten auf Fragen rund um das Thema Liebe – es motiviert auch dazu, selbst das eigene Herz neugierig zu befragen und in Kontakt mit der Intuition, den tiefsten Wünschen, Vertrauen, Halt und innerer Weisheit zu kommen. Denn du trägst bereits alle Antworten auf deine Fragen in dir. Lass dein Herz zu dir sprechen!

Ich unterstütze dich gern dabei, dich daran zu erinnern und den Weg dorthin zu finden. Alles Weitere ist dein Weg, deine Herzweisheit und dein wundervolles Sein. Ich wünsche dir viele erfüllende Momente und wahrhaftige Erkenntnisse.

Deine Christine

ÜBER DAS *HERZ* UND SEINE INTUITIVE WEISHEIT

Wenn es um die Weisheit und die Sprache des Herzens geht, schreibe ich über den veränderten Fokus vom Denken auf das Fühlen. Es ist die Entscheidung, immer wieder anstatt Angst das Gefühl der Liebe zu wählen und anstatt aus dem Mangel aus der Fülle zu leben. Es geht um die Verkörperung des eigenen Seins und die Eigenverantwortung für unseren Weg im Leben. Wir brauchen Vertrauen, um uns darauf einzulassen.

Das Herz ist so viel mehr als ein Symbol für die Liebe, als ein Emoji, das wir Menschen schicken, die wir mögen oder von denen wir gemocht werden wollen. Wenn wir mit dem Herzen und der Liebe allein nur Romantik oder vorübergehende Gefühle für ein anderes Wesen verbinden, begrenzen wir uns selbst. Wenn wir die Weisheit des Herzens erleben, verstehen wir das Leben und die wahre Bedeutung von innerer Freiheit und bedingungsloser Liebe.

Erst wenn wir die Intelligenz des Herzens verinnerlichen, können wir wahre Wertschätzung und Dankbarkeit fühlen und ausdrücken. Wenn wir dem Herzen mehr Raum als dem Verstand geben, sind wir lebendig und können die Fülle in uns spüren. Wir können uns spüren. Wenn wir dies nicht tun, füllt sich unser Inneres mit allem, was wir gar nicht sind. Dann verlieren wir uns und leben in Traurigkeit und Mangel.

Es geht vor allem um das Thema Intuition und Bewusstheit. Es geht darum, sich daran zu erinnern, wer du wirklich bist – jenseits von Gedanken und Vorstellungen, wie jemand zu sein hat. Es geht nicht darum, etwas Neues zu lernen, sondern vielmehr unsere innere Stimme als Muttersprache zu verstehen, die in der lauten Welt vergleichsweise leise spricht. Aber niemals verstummt. Und immer bedingungslos für uns da ist.

Ich kann mich noch genau erinnern, als ich mit dieser inneren Stimme wieder in Kontakt trat. Es dauerte etwas, bis ich sie hörte, denn sie ist leiser als alle anderen. Aber beharrlich. Sie behauptet sich sanft selbst. Zuerst erlaubte ich mir, überhaupt in diese Ruhe zu finden, in den Raum jenseits von Gedanken und Gefühlen einzutauchen, ganz präsent im Körper zu sein. Meditation, Zeit für mich und ruhige Umgebungen wie die Natur unterstützten mich dabei.

Diese Stimme sagte mir zum Beispiel immer wieder: Kündige deinen festen Job und schreibe Bücher. Oder:

Reise, suche dir eine neue Wohnung, bleib eine Weile Single und lasse dich dann vollkommen ein, wenn du bereit bist. Sie sprach leiser als meine innere Kritikerin, meine Vernunftstimme und all die Stimmen, die ich während meines Lebens so abgespeichert hatte. Alle, die mir mal etwas mit auf den Weg gegeben haben: Lehrerinnen, Coaches, Eltern, Freunde und Freundinnen, Kolleginnen, Chefinnen, Friseure, Nachbarn und Reisebekanntschaften. Manchmal habe ich mich von anderen unterstützt und gesehen gefühlt, aber oft auch ausgebremst und verunsichert. Die meisten konnten nicht fassen, dass ich einen sehr gut bezahlten und unbefristeten Job in einer leitenden Position kündigte, dass ich einfach losreiste, meine schöne Altbauwohnung aufgab oder mich aus Beziehungen trennte, in denen zwar vordergründig alles okay schien, doch eigentlich verlor ich mich darin jeden Tag mehr, weil mein Gegenüber mich nicht sah und ich ihn nicht sehen ließ. Doch ich handelte, wie ich fühlte. Damals machte es vielleicht keinen Sinn, aber heute bin ich dankbar dafür. Dadurch fühle ich an den meisten Tagen so viel Freude und Leichtigkeit. Nur wenn ich den Verstand einschalte und er eins seiner Vernunftmantras wiederholt, komme ich aus dem Flow: Christine, wie hast du dir das alles nur vorgestellt? Dabei ist nie etwas komplett schiefgegangen. Ich durfte durch Hindernisse dazulernen und habe das untrügliche Gefühl, dass dies mein Weg ist. Für mich und alle anderen, die ich bestenfalls inspirieren und erinnern kann: Folge dem Weg deines Herzens – egal, was oder wer dich davon abhalten möchte. Tue es!

Deswegen habe ich in meinem Leben (intuitiv) beschlossen, mich nicht mehr von diesen ganzen Stimmen beeinflussen zu lassen. Ich habe schon viele Menschen enttäuscht, weil ich ihren Ratschlägen nicht gefolgt bin und alles anders gemacht habe, auf meine Art. Ich vertraue Veränderungen und begrüße sie in meinem Leben. Ich bin in die Eigenverantwortung gegangen, was sich manche anderen nicht erlauben. Der Weg ist sicherlich nicht der einfachste. Er setzt voraus, dass ich täglich dafür sorge, mit mir und dem Leben in Balance und in Kontakt zu bleiben. Aber es lohnt sich, denn dieser Weg ist nachhaltig und erfüllender, als immer gegen die eigene Wahrheit zu leben. Das kostet so viel Kraft, das macht mürbe und klein. Das nimmt einem die Luft zu atmen, gefühlt. Nur folgende Erkenntnis lässt mich befreit aufatmen: In Wahrheit kann mir niemand sagen, was gut oder schlecht für mich ist. Außer die Weisheit meines eigenen Herzens, die verwurzelt mit meinem vertrauensvollen Sein die Basis für meine Intuition bildet.

Intuition hat keine Angst, deswegen brauchen wir für die Schritte, die wir intuitiv gehen, manchmal Mut im Verstand, denn sie lenken uns in Richtungen, bei denen der Verstand sich meldet und protestiert: Das kannst du doch nicht machen! Denk mal nach. Was da alles schiefgehen kann. Bleib lieber da, wo du bist.

Aber wir alle wissen, dass Wachstum nur außerhalb der Komfortzone stattfindet. Und Erfüllung nur da, wo wir uns wahrhaftig fühlen und nicht laufend verbiegen müssen. Dort verlieren wir unsere Freude, unsere Lebensenergie und den Sinn. Und niemand hat gewonnen. Denn nur wenn wir auf dem für uns passenden Weg gehen, können wir auch unsere Lebensmission erfüllen. Und die trägt jede/r von uns im Herzen. Wir sind hier aus einem Grund, und unser inneres Sein will immer wachsen, sich entwickeln. Es will aus dem Klein-Klein in das große Ganze wechseln, um sich auf das Wesentliche zu fokussieren und nachhaltig immer mehr auf eigenen Beinen zu stehen.

Um dir den Raum um uns herum einmal zu verdeutlichen: Der amerikanische Astronom Edwin Hubble hat geforscht, ob das Universum ein Ende hat. Er konnte es nicht annähernd finden. Das sichtbare Universum hat einen Durchmesser von mindestens 93 Milliarden (!) Lichtjahren. Ein Lichtjahr bedeutet neun Billionen Kilometer, die das Licht in einem Jahr zurücklegt. Hier endet unser Verstand, und das Mysterium beginnt. Hier entsteht eine nicht greifbare, aber fühlbare Weite. Unendlichkeit. »Möchtest du die Geheimnisse des Universums erfahren, denke in den Begriffen Energie, Frequenz und Schwingung«, sagte der Erfinder und Physiker Nikola Tesla. Was wäre, wenn wir das auf unser Leben übertragen – im ganz praktischen Sinne?

Intuition ist, wo Wissen und Verstand Begrenzung erschaffen – und das Unerklärliche beginnt. Wir können nicht wissen, nicht verstehen. Wir können nur vertrauen und fühlen, dass alles einen Sinn ergibt. Und vor allem: Der Raum beschränkt sich nicht auf das, was wir sehen. Auch nicht auf unseren Körper. Weisheit und Einsicht sind genauso grenzenlos und frei. Genau hier wird es spannend, und es ergeben sich neue Möglichkeiten.

Ein Atom besteht im Wesentlichen aus Leere. Wir bestehen aus Atomen und haben deswegen die Möglichkeit, diesen Raum zu füllen. Die Leere in uns muss kein belastendes Gefühl sein, wenn wir diesen Raum mit dem erfüllen, was uns stärkt. Dieses Heartset ermutigt uns, noch mehr zu lieben, zu vertrauen und gelassen zu sein.

WIE DU MIT DEINEM *HERZEN* KOMMUNIZIERST

Um unser Herz-Potenzial voll entfalten zu können, braucht es auch ein Bewusstsein dafür, was Herzweisheit eigentlich ist.

Es gibt das Organ, das unseren Körper versorgt und uns am Leben erhält. Es schlägt für uns rund 100.000 Mal am Tag. Das ist uns allen bekannt und medizinisch erforscht. Dann gibt es das Herz-Energiezentrum, das wir vor allem auf der Höhe des Brustbeins spüren. Es schwingt bei höchster Aktivierung in der Energie von unserer bedingungslosen Liebe und Mitgefühl. Mit ihm gehen wir zum Beispiel in Verbindung, wenn wir nach einer Yoga-Stunde unsere Hände in Gebetshaltung falten und uns verbeugen. Wenn wir damit verbunden sind, dann sind wir mit uns selbst verbunden. Für mich gibt es noch eine weitere Dimension, die Herzweisheit. Sie ist sehr feinstofflich und eine wichtige Verbindung zu uns selbst und allem anderen. Die Herzweisheit ist ein wenig wie ein höheres Bewusstsein, ein höheres Selbst, das uns liebevoll führt. Sie verbindet Intuition mit der höchsten Perspektive von Liebe. Diese Verbindung ist mein Kompass.

Im modernen Sprachgebrauch hört man immer wieder, dass Menschen sagen: »Das fühle ich« oder »Das fühle ich nicht«, um auszudrücken, was sie wollen oder nicht wollen, was sie mögen oder eben nicht. Auch wenn es vielleicht manchmal eine Floskel ist, freue ich mich jedes Mal, dies zu hören, denn immerhin gibt es diesen Trend, mehr zu fühlen und auch gleich zu verdeutlichen, dass es sich hierbei um das eigene Empfinden handelt. Da gibt es keine Diskussion, denn das eigene Empfinden ist mehr als eine Meinung, es geht tiefer. Es nimmt den Körper und das Gefühl mit.

Und das ist auch einer der ersten wichtigen Schritte, um sich wieder mit der Herzweisheit zu verbinden und eben das eigene Sein, die Verbindung mit dem eigenen Körper, wieder mehr zu fühlen.

Um ein herzverbundenes Leben zu führen, brauchen wir Raum. Und zwar nicht erst im Urlaub oder am Wochenende. Wenn das Leben so aussieht, dass wir uns Lebenszeit wegwünschen und hoffen, dass der Tag oder die Woche schnell vorbei ist, sind wir im Überlebensmodus und nicht richtig lebendig. Wir befinden uns mehr in Lebenssituationen als im eigenen Leben. Dann rauscht alles an uns vorbei, und wir können wahrscheinlich unsere innere Stimme nicht hören oder besser gesagt: Wir wollen sie gar nicht erst hören. Denn sie würde uns sagen: STOPP! Halte mal kurz inne, nur für zehn Minuten, und betrachte deinen Atem. Komm zurück zu dir und nimm wahr, wie es dir geht.

Entschleunigung bedeutet nicht, dass wir alles plötzlich in Zeitlupe machen, aber es bedeutet, dass wir bewusster wahrnehmen. Dann sind unsere Reaktionen nicht unmittelbar und übereilt, sondern wir nehmen uns einen Moment Zeit, um zu fühlen und dann angemessen (für uns und andere) zu handeln. Anfangs braucht es eventuell länger, doch nach einer Weile ist unser System so eingestellt, dass wir wieder aus unserem natürlichen Sein handeln und fühlen – und nicht den ganzen Tag gestresst sind, weil wir uns anpassen oder Erwartungen erfüllen oder in unserem komplexen Leben perfekt sein wollen. Es lohnt sich immer, denn merke: Ein Fisch kann nicht ertrinken. Das bedeutet, wenn wir in unserem Element sind und uns in einem Umfeld bewegen, das uns unterstützt, in dem wir uns vollkommen wohlfühlen, dann geht es uns insgesamt besser und wir können mehr unsere Natur und Natürlichkeit leben.

Ein intuitives und damit bewussteres Leben führen zu wollen, ist eine Entscheidung und bedeutet, dass wir uns auf eine Veränderung einlassen. Schritt für Schritt. Das kann manchmal anstrengend sein, manchmal erleichternd und klarer, aber auch beängstigend und ungewohnt. Der Schlüssel zu diesem Leben ist, ganz bewusst dranzubleiben. Sich immer wieder zu entscheiden, hinzuhören und sich selbst zu fragen: Was fühle ich? Was brauche ich? Was sagt mir meine innere Stimme? Und dann danach zu handeln, um Erfahrungen zu machen und vertrauen zu lernen.

Besonders zu Beginn ist es sehr hilfreich, bestimmte Rituale in die Tagesstruktur zu integrieren, um den Kontakt mit sich selbst zu suchen. Dafür gibt es unendlich viele Möglichkeiten, die ebenfalls intuitiv und nach den eigenen Bedürfnissen ausgewählt werden sollten. Denn nur wenn sie für uns aktuell machbar sind, können wir sie dauerhaft leben. Diese Rituale sollen uns unterstützen und nicht zusätzlich belasten. Wenn wir mit dem Joggen anfangen, würde auch niemand erwarten, dass wir nach einer Woche einen Marathon laufen. Es ist nicht unmöglich, aber für die meisten von uns vermutlich schon. Auf jeden Fall baut es gewaltigen Druck auf und sorgt am Ende für Frust, wenn wir es nicht schaffen. Dann geben wir das Laufen vielleicht sogar auf oder verletzen uns, weil wir über unsere Grenzen gegangen sind. Dabei ist es durchaus realistisch, wenn wir jeden Tag ein bisschen trainieren und dann das Pensum weiter steigern, damit wir zum Ziel kommen. Ähnlich ist es auch auf dem Weg zu einem Leben, in dem wir mehr mit unserer Herzweisheit verbunden sind und diese als Kraft- und Wissensquelle sowie als Orientierung nutzen.

Hier folgen einige Ideen, wie wir uns Raum zum Innehalten schaffen:

- Die ersten Minuten nach dem Aufwachen gehören dir. Gestalte sie so, dass es dir Freude macht, und verbringe bewusst Zeit mit dir. Du kannst einfach noch eine Weile im Bett liegen bleiben und fühlen, worauf du dich heute freust oder wofür du dankbar bist. Dabei darfst du dir auch gut zureden: Ich kann das! Oder du entscheidest dich für eine Meditation/ein Gebet, einen Kaffee in der Natur, eine Bewegungseinheit, bewusstes Atmen oder Tagebuchschreiben. Suche etwas aus, das dich bestärkt, erfreut und dir Raum mit dir selbst schenkt.
- Halte in wiederkehrenden Situationen inne, betrachte deinen Atem und fühle in dich hinein: beim Warten an der roten Ampel, auf dem Weg ins Bad, kurz vor einem Meeting. Wenn du magst, kannst du die Füße auf dem Boden spüren und den Kontakt wahrnehmen. Das gibt dir vielleicht das Gefühl, verbunden, verankert und gehalten zu sein. Dann kannst du auch eine Hand auf dein Herz legen und dich verbinden. Vielleicht möchtest du dir selbst in dem Moment sagen: Ich bin da und höre zu.

- Verbinde eine Alltagstätigkeit damit, im Inneren präsent zu sein (ohne Ablenkung durch Gedanken, Gespräche, Musik, Fernsehen etc.): Duschen, Gemüseschnippeln, Mittagessen, Teepause, Aufräumen usw. Du kannst diese wiederkehrenden Momente nutzen, um im Augenblick innezuhalten und ganz bei dir zu sein. Versuche, nicht so sehr auf die Gedanken einzugehen, sondern auf andere Dinge: Was fühlst du? Was ist dein aktuelles Bedürfnis und wie könntest du diesem Raum geben?
- Entfalte dich kreativ. Was möchtest du ins Leben bringen und auf welche Art und Weise? Dafür brauchst du nicht zu wissen, wie man malt, schreibt, singt und tanzt. Folge deinen inneren Impulsen.

Wie du den Heartset-Impulsen folgen kannst

Im Folgenden findest du 22 Fragen von mir an das Herz und die an mich gerichteten Antworten, die die universelle Weisheit des Herzens tragen.[1] Am Ende jeder Antwort folgt ein Praxis-Impuls von mir, der zu dem jeweiligen Thema passt. Entscheide einfach, ob du ihm folgen magst. Vielleicht hast du auch eine andere Idee? Natürlich kannst du auch eine eigene Antwort aus deiner Herzweisheit zu der jeweiligen Frage formulieren. Eine von mir aufgenommene Meditation soll dich dabei unterstützen, in Verbindung mit dieser Quelle zu gehen. Vielleicht sagt dir dein Herz etwas anderes oder dasselbe in anderen Worten? Die Herzenergie richtet sich auf die Fragenden aus. Du findest den Download-Link zur Meditation am Ende dieses Buchs als QR-Code. Sie gilt allgemein für jede der 22 Fragen. Ich empfehle dir, dass du dich pro Tag einer Frage/Antwort widmest und diese für dich wirken lässt. Sich in der Tiefe mit diesem Thema zu beschäftigen, kann intensiv sein. Gib dir die Zeit und den

1 *Da sich die Antworten auf mich als heterosexuelle Frau beziehen, sind sie nicht gegendert.*

Raum, um darüber zu reflektieren und das Erfahrene zu integrieren – indem du dir zum Beispiel Notizen machst, mit der Frage im Herzen spazieren gehst bzw. die Natur betrachtest oder mit anderen darüber sprichst.

Wenn du dieses Zeichen —∿— siehst, ist dies eine Einladung dazu, innezuhalten und eine kleine Lesepause zu machen.

Die Reihenfolge der Fragen kannst du intuitiv selbst festlegen: Entweder du gehst chronologisch von eins bis 22 durch – oder du wählst je nach Tagesform einfach die Frage, die dich am meisten interessiert. Es gibt kein Richtig oder Falsch, es gibt nur deinen Weg.

Ich lade dich dazu ein, den folgenden Teil in Ruhe zu lesen. Vielleicht hast du auch Lust, ein kleines Ritual daraus zu machen: Mach es dir mit einem Lieblingsgetränk und bei Kerzenlicht gemütlich. Und vor allem: Lass dich in diesem Moment nicht ablenken. Schalte dein Handy aus, und nimm dir für jede der 22 Fragen rund eine halbe Stunde oder gern länger Zeit.

Es kann sein, dass du manche Worte nicht kennst oder einen Satz nicht verstehst. Das ist vollkommen okay. Versuche nicht, alles genau zu verstehen, sondern lass die Worte gern auf dich wirken. Es wäre schön, wenn du die Worte eher fühlst und statt mit dem Verstand eher mit deinem Herzen greifst. Was lösen die Worte in dir aus? Wie werden deine Sinne aktiviert? Was riechst, hörst, siehst, schmeckst, denkst und fühlst du beim Lesen? Was berührt dich besonders? Mache dir gern Notizen oder halte zwischendurch inne.

Es kann auch sein, dass sich manche Worte, Sätze oder Weisheiten wiederholen. Das ist beabsichtigt, damit du immer wieder daran erinnert wirst und immer tiefer fühlst.

22 FRAGEN AN DAS HERZ

1. WOHER WEISS ICH, LIEBE HERZWEISHEIT, DASS DU ZU MIR SPRICHST?

Du fühlst es. Den Verstand, also das Ego, das reinquatscht und das du dir antrainiert hast, brauchst du hierfür nicht. Durch das Ego spricht die Sprache der Vernunft, die Stimme deiner Mitmenschen, die Floskeln der Gesellschaft. Du brauchst kein Wissen, um zu verstehen. Liebe hat rein gar nichts mit Denken zu tun. Denken ist eine Sinneswahrnehmung, ein Filter. Liebe braucht aber kein Sieb, keinen Durchgang. Sie ist Füllstoff.

Du spürst meinen Puls und fühlst sanfte Klarheit in dir, diese leise Gewissheit, dass da etwas zu dir spricht, das nur das Allerbeste für dich möchte. Auch wenn der Verstand dir dazwischenredet und so etwas sagt wie: Wieso ist es nicht das Beste für mich, jetzt in jemand verliebt zu sein?!

Mein Wissen ist anders als das Wissen des Verstandes. Wenn ich sage: Ich weiß es, dann ist das ein tieferes Verständnis als ein schlichtes Begreifen. Da sind keine Zweifel, kein Wenn und Aber.

Ich pulsiere immer und ich spreche immer als Erstes zu dir, bevor sich alle anderen Stimmen in dir einschalten. Du erkennst mich leichter, als du denkst: Zwischen meine Zeilen mischen sich keine Sorge, kein Bedenken. Ich bin sicher und ich bin zuversichtlich.

Wenn du mich fühlst, dann ist das so, als würde die Sonne in dir scheinen. Hört sich das für dich kitschig an? Aber du spürst die Wärme, das wohlige Gefühl. Die Leichtigkeit. Die Vorfreude und dieses unerschütterliche Wissen: Genauso ist es und nicht anders. So mache ich es.

Doch gleich zu Beginn möchte ich dir auch ein Geheimnis verraten: Die Freude ist dein Motor, deine stärkste Kraft und dein Kompass. Wenn du der Freude folgst, dann weißt du, dass du auf deinem Weg bist. Die Freude ist stärker als die Angst und sogar stärker als die Liebe. Sie erfüllt deinen ganzen Körper und nicht nur mich, dein Herz. Ich werde dich immer wieder daran erinnern. Ich kann so viel mehr sein als Liebe. Meine Superpower ist diese leichte und strahlende Freude, die du im ganzen Körper fühlst. Und was du im Körper fühlst, prägt deine Gedanken, deine Grundausrichtung im Leben.

Du kannst es ganz einfach selbst merken: Wenn du liebst, oder besser gesagt, wenn du verliebt bist, was eine

Momentaufnahme und nicht die Ewigkeit ist, dann fühlst du mich sehr stark. Dir wird warm und heiß. Wenn du aber in der puren Freude schwingst, wie ein Kind, das die Welt um sich herum vergisst und im Regen tanzt, dann ist dein Körper mit dabei. Du spürst die Vibration in dir. Die Gedanken haben keine Kraft mehr, und du schwebst. Dann entsteht Raum für Glück in dir. Dann entsteht eine magnetische Kraft in dir, die noch mehr von der Freude anzieht. Es geht gar nicht anders. Das ist ein Geheimnis, das so einfach zu lüften ist und wonach doch kaum jemand fragt. In der Freude schwingen Dankbarkeit und Selbstannahme. Und wenn sich das alles setzt, dann ist da nur noch Frieden, dein höchstes Gut. Wenn die Menschheit in diesem tiefen Frieden ist, dann ist sie angekommen. Die höchste Form des Seins ist innerer Frieden, in dem ich ruhen kann.

Wenn du an mich denkst, dann siehst du eher die Farbe Rot, weil das eine gängige Vorstellung von mir ist. Du denkst an die Liebe, wie sie am Valentinstag verkauft wird: etwas Süßes, ein Versprechen. Eine Ware, eine Leistung, etwas, das von außen auf dich zutritt. Dabei strahle ich eher ein zartes Grün und ein fließendes, schimmerndes Gold aus.

Wenn du mich also fragst, woher du weißt, dass ich zu dir spreche, dann erinnere dich an alle Momente, in denen du dich leicht gefühlt hast, in denen alles einfach sein durfte. Wo du keine Fragen mehr hattest, weil es keinen Sinn gemacht hat, sie zu stellen.

In den Momenten, in denen du fühlst, wer du wirklich bist, bist du frei. Und aus dieser Freiheit entsteht die Verbindung zu mir – und zu allem anderen. Oder besser gesagt: Du fühlst die Verbindung, denn die Trennung ist immer eine Illusion. Wir sind niemals getrennt, du bist niemals von irgendetwas getrennt, auch wenn du dich isoliert fühlst. Du bist Teil des Ganzen, und das Ganze ist ein Teil von dir. Aber du wirst dich immer wieder befreien müssen. Denn äußere Umstände werden dich wieder einnehmen und gefangen halten.

So oft schon warst du an diesem Ort der Trennung, richtig? Ich kenne dich vor allen anderen, ich war immer dabei. Als du dachtest, der Schmerz würde etwas in dir zerbrechen lassen, als du nicht mehr atmen konntest, weil dich jemand verlassen oder abgelehnt hat. Ich habe dir immer zugeflüstert: Das ist nur ein Gefühl, eine Ansicht, die dir Leiden und Trauer bringt und nicht viel mehr. Und sei froh: Alle, die gegangen sind, hast du niemals gebraucht.

Ich spreche immer, ich fühle immer, ich bin immer rein und unberührt. Ich bin ewig, voller Güte mit einem unendlichen Schatz der Liebe, des Mitgefühls und der Freude. Für dich und andere. Traue dich, aus dieser Quelle zu schöpfen, und wisse, dass es nie zu viel ist. Du bist nie zu viel.

Doch um mich zu hören, muss deine Welt in dir still werden. Das ist die größte Herausforderung. Wir leben in einer Welt voller künstlicher Geräusche. Reine Ablenkung. Kennst du es, wenn Menschen nie ohne Beschallung sein können – Radio, Gespräche oder andere Geräuschquellen? Es gibt kaum einen Ort, an dem deine Sinne nicht überreizt werden. Und selbst wenn du in der kompletten Stille bist, ist das Innere immer laut. Du erzeugst dann so viele laute Gedanken, die alles andere übertönen. Das ist auch ein Ablenkungsmanöver.

Und dann hörst du noch denen zu, die laut sind. Aus denen die Angst schreit, die das Negative aus sich herauslassen und damit immer lauter sind als die Stille, in der der Frieden ruht.

Stell dir vor, du würdest eine Zeit lang allein in einem Haus leben. Die Nachbarn wohnen drei Kilometer entfernt, das Haus wirkt so schlicht und unscheinbar, dass niemand spontan vorbeikommt. Wenn du dich zurückgezogen hast, brauchst du einige Tage, um überhaupt die Stille zu hören. Aber dann spreche ich zu dir. So wie jetzt flüstere ich dir zu, wer du wirklich bist. Und du kannst es erst gar nicht verstehen, weil du eine andere Sprache gelernt hast. Aber in der Stille kannst du meine Worte fühlen, in jeder Zelle und es ist wahrhaftig. Achte auf die Reaktion deines Körpers!

Du bist ein wunderschönes Wesen, unendliche Liebe und Freude. Und du hast nun das erste Mal alles in dir aufgesperrt und deine ganze Größe und Kraft zugelassen. Du hast mich und den Zugang zu mir so weit geöffnet, weil du dich sicher fühlst. Du kannst atmen, du kannst sein. Und ich weiß, dieser Moment überwältigt und befreit zugleich. Lass diesen Moment zu.

Du hast so viel Kraft aufgewendet, um mich zu verschließen, zu schützen, nicht in diese Welt zu lassen. Aus Angst. Das Ironische ist aber, dass die Kraft der Liebe immer größer ist als die Angst. Du konntest so nicht gewinnen. Aber du wusstest es nicht besser.

Also, lass mich für immer frei. Lass mich zu dir sprechen. Vertraue mir. Ich weiß, es ist ein Weg, der in dieser Welt nicht einfach ist, weil er nicht von allen mitgegangen wird. Es ist einfacher, im Chaos zu versinken oder einfach mitzuschwimmen, ohne wahrhaftig zu fühlen. Aber ich möchte dir sagen, dass ein unbeherzter Weg traurig und depressiv macht. Und ein betäubter Weg, auf dem du scheinbar fröhlich bist, weil du alles verdrängst, führt zu demselben Ort. Ohne mich macht das Leben nur halb so viel Spaß.

Das Leben ist Veränderung. Wenn du dich dagegen wehrst, wird es anstrengend. Gehe den Weg immer weiter. Aber ohne Kompass verlierst du die Orientierung. Du verlierst dich. Die Stimme des Herzens ist wunderbar weisend, weil die Richtung ganz auf und für dich abgestimmt ist, und das ist auch im Sinne aller anderen. Denn nur wenn du dich selbst verstehst und wenn du die Liebe in dir findest, um sie auszudrücken, dann kannst du in der Welt positiv wirken.

Impuls zum Vertiefen: Meine Herzzeit

Nimm dir eine Stunde Zeit nur für dich, in der du völlig ungestört bist. Höre gern die geführte Meditation (Link auf Seite 155), die dich mit deinem Herzen verbindet, und ruhe danach noch weiter. Höre gelassen zu. Ohne Erwartungsdruck. Oder leg einfach eine Hand auf dein Herz und formuliere im Inneren die Absicht, ganz präsent zu sein und zu empfangen. Notiere dir, was du in der Stille wahrnimmst. Was zeigt sich über deine Sinne? Was siehst du? Was riechst und schmeckst du? Was fühlst du? Ja, und auch: Was denkst du?

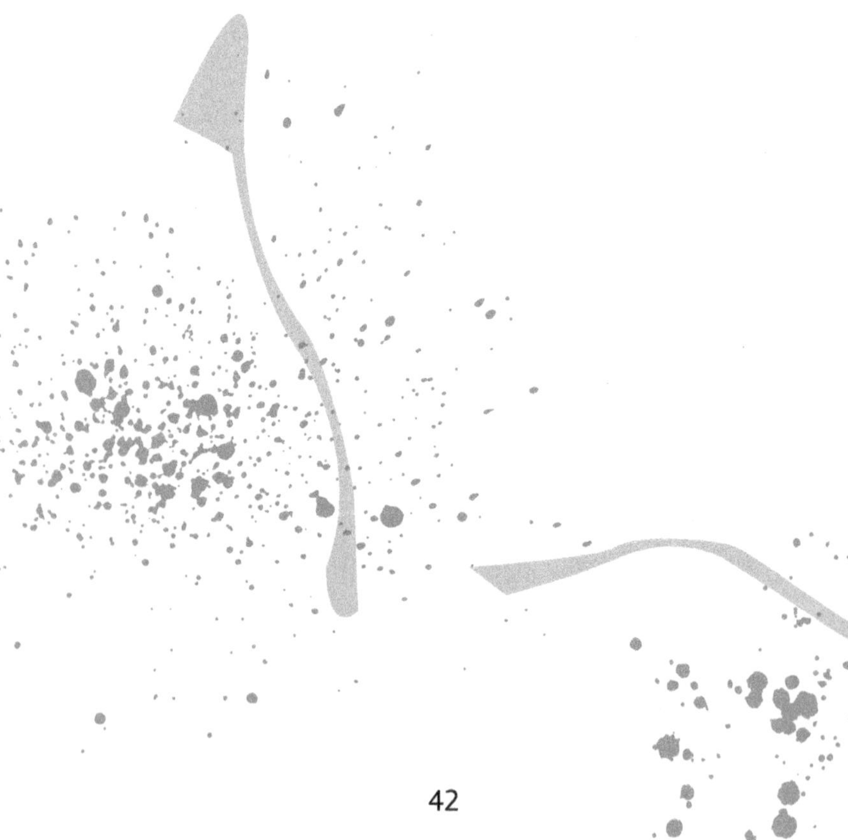

2. WIE ÖFFNE ICH DICH?

Ich bin immer offen. Offen und bereit für die Liebe. Ich teile sie gern und ich empfange sie gern, das ist meine Natur. Das ist meine Funktion. Jede Zelle in mir ist mit Liebe geflutet, und ich pumpe sie durch deinen Körper bis zu deinem letzten Atemzug.

Egal, was dir im Leben passiert. Egal, wie oft du denkst, dass ich gebrochen bin. In Wahrheit werde ich immer lieben und ich bin immer heil.

Auch wenn ein Messer mich durchbohren würde, ich meine Funktion für den Körper verliere, ich schwinge weiter.

All die Mauern, all die Wände, all die Staubschichten, die den Eindruck erwecken, ich sei verschlossen und nicht sichtbar oder verfügbar, hast du dir selbst gebaut oder sie entstehen lassen. Und das aus Gründen. Du willst dich schützen. Du willst dich verteidigen. Du willst mich beschützen.

Doch ich möchte dir sagen, dass dies nie nötig war und ist. Ich bin stark. Ich bin unkaputtbar. Vielleicht lässt es dich ein bisschen umdenken, auch mutiger sein, wenn ich dir nun sage: Mir kann und wird nichts passieren. Solange ich pulsiere. Es fließt immer Liebe. Das Einzige, was dies scheinbar blockiert oder verhindert, sind deine Gedanken, deine Ängste und die Vorstellungen des Egos.

Eigentlich müsste ich dich vor dem Ego schützen, das eine Trennung zwischen mir und der Welt erschafft, indem es Schutzmauern für eine zwecklose Verteidigung baut. Du schadest dir damit mehr, als du dir Gutes tust, denn wenn du eine Mauer errichtest, dann sorgst du dafür, dass ich nicht sicht- und spürbar bin.

Aber du sorgst auch dafür, dass ich getrennt bin. Ich kann weder senden noch empfangen. Ich bin isoliert, und durch die Isolation entsteht dieses nagende Gefühl der Einsamkeit in dir. So beschützt du dich eigentlich vor Verbindung und Kontakt. Du bewahrst mich davor, berührt zu werden.

Und ich verstehe dich. Denn in deinem Kopf ist eine Angst, die mich wie einen Nebel umhüllt. Die Angst, abgelehnt zu werden. Die Angst, verletzt und enttäuscht zu werden. Die Angst, zu verlieren. Bevor du überhaupt Liebe gefunden hast, besteht in dir die Angst vor Verlust.

Das alles zeigt dir, wie groß meine Liebe ist. Und die Sehnsucht, sie in dieser Welt zu leben. Also, lass mich frei.

Es geht nicht um meine Öffnung, es geht um meine Freiheit. Und es geht immer wieder um die Entscheidung, noch mehr zu lieben.

Sobald du in dieser Welt Wurzeln geschlagen hast, was viele Jahre dauern kann, entsteht in dir das Vertrauen, mir die nötige Freiheit zu schenken, um mich zu entfalten, erblühen und strahlen zu lassen. Freiheit entsteht aber nicht hinter Mauern. Deswegen: Baue sie ab! Flute sie mit der Liebe nieder.

Ich weiß, es ist anstrengend. Ich weiß, es macht dir Angst. Aber wisse auch – und das werde ich noch öfter wiederholen: Liebe ist immer stärker als Angst. Das ist das Paradox: Du hast Angst, obwohl die Liebe immer stärker ist.Du kannst niemals abgelehnt werden, du kannst nicht verletzt werden, du bist nicht abhängig von der Liebe anderer. Und du kannst nichts verlieren.

Der erste Schritt in die Freiheit ist also, dass du dich selbst liebst. Lass zunächst diesen kleinen Kreislauf von Geben und Nehmen zwischen dir und mir entstehen. Denn auch wir sind nicht voneinander getrennt. Wir sind eins.

Deswegen möchte ich dir vor allem sagen: Komm bitte zurück! Komm nach Hause! Finde deinen Weg durch die Mauern, reiß sie ein und komm zurück. Du schaffst das. Du weißt, dass du angekommen bist, wenn du wieder wahrhaftig fühlst.

Ich weiß, auch das wolltest du vermeiden, indem du dich selbst ausgesperrt hast. Aber wenn du nicht fühlst, dann weißt du deine Richtung nicht. Fühle!

Und du kannst nur fühlen, was Liebe ist, weil du auch weißt, wie es sich ohne Liebe anfühlt. Deswegen hast du am Ende alles richtig gemacht. Es war dein Weg, dich erst zu trennen, zu verlaufen, dich zu isolieren, damit du suchst. Damit du findest. Damit du dich verirrst und wieder zurückfindest. Damit du erkennst, dass du nur ein Zuhause hast. Damit es dir etwas bedeutet, zu Hause zu sein. Deswegen bist du gegangen und hast die Türen hinter dir verschlossen. Damit du wieder zurück zu dir kommst und den Sinn hinter allem erkennst. Vertraue darauf, dass du diese Erfahrung machen solltest.

Ich freue mich auf dich, schon so lange. Ich bin geduldig und habe immer darauf vertraut, dass du erkennst, dass du es selbst warst, die den Schlüssel zwar in der Hand hielt, aber nie wusste, wo er reinpasst. Denn als du die Entscheidung getroffen hast, mich wegzusperren und unter Verschluss zu halten, hat in dir etwas unbewusst gehandelt. Es war okay, denn es war dein Erfahrungsweg.

Doch jetzt, wo du angefangen hast, Fragen zu stellen, können dich die Antworten auch finden. Und ich sage dir: Komm zurück!

Dann verweile hier. Mach dich vertraut mit mir und der Liebe, bevor du dich wieder umdrehst und in die Welt schaust, dieses Mal mit den Augen der Liebe. Lass uns eins werden, bevor du aus mir heraus dein Leben neu betrachtest. Du kannst das!

Wie soll das gehen? Wie werden wir eins? Ich höre dich fragen. Das ist schön, denn nur dann kann ich antworten. Wir werden in dem Moment eins, indem du erkennst, dass wir nie getrennt waren. Und das ist etwas, das du nicht mit dem Verstand ergründen kannst, sondern nur durch deine Entschlossenheit, zu fühlen. So, wie du noch nie gefühlt hast.

Impuls zum Vertiefen: Besinnung

Während du dich auf dein Herz besinnst und dich fragst, wie frei es ist und ob es noch freier sein dürfte, höre gern die Playlist »Musik fürs Herz« von christinedohler auf Spotify, die ich extra für dieses Buch erstellt habe und während des Schreibens höre. Du findest hier Musik, die dich mit deinem Herzen verbindet. Lass dir die Zeit, die du brauchst, um wieder zurück in dein Herz zu finden. Vielleicht gönnst du dir immer mal wieder bewusste Momente, um zu spüren: Bin ich bereit, mein eigenes Herz zu befreien?

3. WARUM FÜHLE ICH MICH EINSAM?

Wenn du dir deine Frage noch einmal durchliest, dann hast du dir die Antwort fast schon selbst gegeben: Du *fühlst* dich einsam. Es ist ein Gefühl. Das bist nicht du.

Emotionen sind Energie. Sie kommen und gehen. Und sie sind Wegweiser und Information, weil sie bei dir anklopfen, damit du zurück zu dir kommst, für einen Moment aus deinem Tun und Denken auscheckst – und im Sein fühlst. Dabei beobachtest du das Gefühl, aber bitte, grenze dich nicht davon ab.

Das Gefühl hast du erschaffen, es gehört zu dir. Es möchte deine Aufmerksamkeit. Manchmal ist diese gerechtfertigt, manchmal auch nicht. Doch oft spürst du deine Gefühle (oder auch die der anderen) in meinem Raum. Da ist dann eine Schwere, ein Ziehen, ein Pulsieren. Das alles ist erst einmal nur Energie. Und du gibst ihr einen Namen: Traurigkeit zum Beispiel. Und die ist in deinem Verstand mit Einsamkeit gekoppelt und als »schlecht« einsortiert. Wenn man traurig ist, stimmt etwas nicht. Dann fehlt etwas, dann hast du etwas verloren. So denkst du, stimmt`s? Ich fühle so nicht. Was du Traurigkeit nennst, ist für mich Sehnsucht. Es ist die Erinnerung daran, dass du dich selbst fühlen willst und dass du das Gefühl hast, in deinem Leben gäbe es einen Mangel, weil du die ganze Liebe nicht spürst, die immer da ist. Du bist blind für die Liebe, weil du sie im Außen sehen möchtest. Sie soll sichtbar sein, indem dir jemand sein Herz mit Worten und Taten schenkt. Dabei bringt uns das nichts. Du hast schon ein Herz. Hier bin ich! Fühle mich! Du hast alles, was du brauchst!

Also lass dir kein Herz schenken. Und vor allem: Verschenke mich nicht leichtfertig. Denn du hast nur ein Herz, und das ist das Wertvollste überhaupt, dein Schatz. Niemand, der dich wirklich liebt, würde wollen, dass du abhängig und herzlos wirst. Denn nur wenn ihr beide beherzt seid, kann sich die Liebe vermehren. Denn ein Herz ist immer in der eigenen Basis am stärksten.

Dafür brauche ich aber einen festen Platz in deinem Leben. Ich bin dein Meer, und die einzelnen Gefühle sind die Wellen. Die Wellen können das Meer bewegen, aber das Meer ist alles und viel mehr. Es könnte so einfach sein. Wenn du in die Liebe eintauchst. Aber du willst oft schwimmen, ohne nass zu werden.

Woher kommen deine Gefühle? Sie haben unterschiedliche Wurzeln. Sie können durch deine Gedanken entstehen. Wenn du zum Beispiel allein in einem Raum bist, könntest du denken: Oh, ich bin allein, da ist niemand. Ich fühle mich nicht mehr, weil ich keine Resonanz wahrnehme. Weil du denkst, dass ein anderes menschliches Wesen außer dir der einzige Referenzpunkt ist, wo und wie du dich (wohl) fühlen kannst. Du denkst, dass du isoliert und getrennt bist. Oder nicht liebenswert. Du brauchst dann den Spiegel in jemand anderem – anstatt ihn einfach umzudrehen und zu erkennen: Ich bin ja da. Immer.

Du denkst, dass Alleinsein falsch ist, weil du gelernt hast: Nur in Kontakt mit anderen kannst du dich verbunden fühlen. Das ist eine begrenzte Sichtweise auf das Leben und dein Sein. Es schränkt dich ein.

In der Bedrängnis dieser Enge entstehen negative Gefühle, die sich größer anfühlen, als sie in Wahrheit sind. Du gibst ihnen diese Größe selbst, indem du nur auf sie schaust. Als gäbe es in diesem Moment nichts anderes, auf das du schauen könntest. Würdest du nach links, rechts, oben, unten schauen, könntest du viel mehr sehen und die Fülle wahrnehmen. Denn im Herzensraum findest du immer bedingungslose Freude. Sie ist wie ein Grundrecht oder Geburtsrecht in jedem Menschen verankert. Diese Energie ist wie gesagt sogar noch stärker als Liebe, weil sie deinen ganzen Körper erfüllt und ausfüllt. Sie bringt dich zum Leuchten und zum Strahlen.

Wenn du so richtig voller Freude bist, dann ist alles in dir aktiv, es prickelt überall. Du fühlst dich leicht und gleichzeitig stark. Und diese bedingungslose Grundfreude ist immer da – egal, was sonst noch ist. Vielleicht hilft dir diese Erkenntnis, eine innere Balance deiner Gefühle zu halten.

Wenn du dich traurig fühlst, dann schieb das Gefühl nicht weg, aber lass auch die Freude da sein. Und weil sie immer stärker ist, wird sie alles andere früher oder später mitreißen, wandeln und anstecken. Wie das Lachen eines anderen Menschen, das dich auch zum Lachen bringt, obwohl der Verstand gar nicht immer weiß, worum es geht. Du lachst mit, weil du von der Energie der Freude aktiviert wirst. Das Lachen ist ein körperlicher Ausdruck der Freude. Genauso wie ein Kuss ein körperlicher Ausdruck von Liebe sein kann.

Was ich sagen will: Du bist es, die/der den Raum so sehr begrenzt und einengt. Dass du die Wettermacherin in deiner Gefühlswelt bist, ist praktisch, denn du kannst alles immer wieder sofort ändern. Am besten direkt und unmittelbar. In dem Moment, wo du den grenzenlosen Raum, in dem wir uns befinden, wirklich wahrnimmst, merkst du es und fragst dich: Wie bedeutsam ist dieser Funken Traurigkeit, entstanden durch gefühlte Einsamkeit, was macht diese Träne in der Unendlichkeit schon aus? Wie viel Bedeutung gebe ich ihr dann noch? Du entscheidest.

Und dann gibt es natürlich auch noch andere Entstehungswege deiner negativen Gefühle, die nicht dein natürlicher Zustand sind. Sie können die Reaktion auf eine Erfahrung im Außen sein, die aber immer von gespeicherten Erfahrungen bestimmt wird, solange du nicht frei von der Vergangenheit und all ihren Prägungen bist. Mit einer Erinnerung speicherst du nicht nur Bilder und Gerüche, sondern auch Gefühle. Vor allem wenn du damals nicht in der Lage warst, diese Gefühle auszuleben. Weil du dich nicht getraut hast, weil es zu viel für dich gewesen wäre, weil du es dir nicht erlaubt hast – dann kommen diese Gefühle oft unpassend und unangemessen in Situationen hoch, die dieses Momentum von damals erinnern, also dein System an damals erinnern. Manchmal haben die Gefühle auch eine Funktion übernommen: Sie haben dich beschützt, sie haben dich überhaupt fühlen lassen.

Da aber noch so viel Ladung darauf ist, reagierst du emotional. Nicht aus dem Hier und Jetzt heraus, mit neutraler Sicht auf die Situation, sondern es wird anstrengend für dich, weil sich das Alte in dir öffnet, das du damals nicht wirklich durchschaut hast. Und das ist okay.

Es ist nicht schlecht, dass dies passiert. Es ist gut, wenn sich etwas öffnet und sich wandeln kann. Dann kann man den Deckel zumachen, sodass nichts mehr brodelt. Du fühlst dich freier, deine Handlung wird authentischer. Da kann dich jemand beleidigen, und es perlt an dir ab, weil du erkennst, dass es nichts mit dir zu tun hat und dich niemand verletzen kann. Wir verletzen uns immer selbst. Wenn wir denken, dass wir zu anderen sprechen, sprechen wir zu uns selbst. Wenn jemand zu dir sagt, etwas an dir sei sei falsch, ist das ein Selbstgespräch. Der Mensch braucht Liebe.

Da viele dieser Emotionen in der Kindheit verschlossen wurden, weil man als Kind noch nicht so weitgreifend über eine Situation reflektieren kann, sind sie oft delikat.

Mach deine Einsamkeit nicht schlecht und belächele sie auch nicht. Nimm sie ernst, aber erkenne gleichzeitig als Erwachsene mit mehr Eigenverantwortung und Handlungsspielraum: Dieses Gefühl definiert nicht, wer du bist. Es bremst dich nicht, es drückt dich nicht zu Boden, es bestimmt nicht deine Handlungen und Reaktionen. Es sei denn, du lässt dies alles zu. Das Gefühl darf da sein, du merkst es. Aber du entscheidest dich, angemessen zu handeln. In Verbindung mit deiner Stärke und mit mir.

Ich bin nicht emotional, auch wenn dies eine Vorstellung über mich ist. Ich weine nicht, ich lache nicht. Ich schwinge. Ich bin lebendig ohne Emotionen. Deine Emotionen aber geben uns die Chance, zu wachsen. Wenn du leidest, fühlst du. Also lass die Schönheit genau in diesem Moment in dich rein, denn dann bist du offen. Du nennst es verletzlich. Wenn du weich wirst, kannst du dich ausdehnen. Auch wenn es in diesem Moment schwer ist, sich an die Liebe zu erinnern. Lass sie fließen.

Und deswegen: In dem Moment, in dem du dich mit mir verbindest, bist du völlig leer und voll zugleich. Nein, das ist nicht zu verstehen. Nur das Herz kann Ganzheitlichkeit verstehen. Aber nähere dich auch ohne Logik immer mehr der Liebe an. Einer Liebe, die jenseits deiner Vorstellungen liegt. Eine Liebe, die so wenig greifbar wie das Universum ist. Eine Liebe, die dich wahrhaft lebendig und frei macht. Und die dich mit allem verbindet, ohne Trennung. Wenn du hier angekommen bist, wirst du das Gefühl vergessen, das du einsam nennst. Aber sei dankbar, dass es für dich da war. Denn nur wenn du die Trennung gespürt hast, kannst du die Einheit anerkennen. Liebe bricht kein Herz.

**Impuls zum Vertiefen:
Das Herz leeren**

Für diese Übung kannst du dich hinlegen oder hinsetzen. Schließe gern deine Augen und atme entspannt durch dein Herz. Erlaube, dass sich mit der Kraft deines Atems alles in deinem Herzen löst, was dich aktuell belastet: Kummer, Ängste, Schmerz. Ganz sanft und ohne Druck. Immer wenn du etwas Negatives fühlst, begleite es mit dem Ausatmen nach hinten durch deine Schulterblätter in die Luft oder nach unten über dein Steißbein in die Erde. Wiederhole die Übung sooft du magst und immer mal wieder, wenn du das Gefühl hast, dass dein Herz schwer ist. Wenn für den Moment alles gelöst ist, flute dein Herz mit einem für dich positiven Gefühl. Das kann Wärme oder ein freudiges Prickeln sein. Manchmal hilft es auch, wenn du dir eine Farbe oder helles Licht vorstellst.

4. WIE HEILE ICH DICH?

Ich bin heil, unversehrt und frei. Damit du dies aber fühlen kannst, gehst du einen Weg, der dich von der „Krankheit“ des Egos heilt. Das kann einfach oder schwer sein, du entscheidest. Die gute Nachricht ist, dass dein gesamtes System immer nach Heilung strebt, du bist also unendlich unterstützt. Dein Körper, deine ganze Energie, dein Sein werden immer mit dir den Weg der Heilung gehen – wenn du dich nicht selbst sabotierst und den Weg des Leidens wählst.

Also arbeite bitte nicht gegen dich selbst und stehe dir nicht selbst im Weg. Du könntest JETZT frei sein. Von einer Sekunde auf die andere. Aber, und das ist auch gut, es darf auch eine Weile dauern. Schließlich läufst du schon länger im umgekehrten Modus, und es braucht Zeit, dies umzustellen, sonst wird die Angst vor der Veränderung größer.

Wenn du das Gewohnte verlässt, beginnt das Unbekannte und das macht so lange Angst, bis wir ihm vertrauen. Gewöhne dich also Schritt für Schritt daran.

Ich möchte es dir gern erklären: Es gibt einen Fehler in einem ansonsten perfekt funktionierenden System. Und der entsteht, wenn dein Verstand gegen mich arbeitet und nicht mit mir zusammen. Wir sind eine Einheit mit unterschiedlichen Funktionen. Ich fühle und gebe die Richtung vor, der Verstand sortiert und dann handelst du nach diesem Plan. Wenn du mich aber ausschließt oder dem Verstand mehr traust und die Führung überlässt, dann ignorierst du dich selbst und deine Bedürfnisse. Du bist verloren, gefangen und unsicher. Das ist nur zu verständlich, denn es fehlt dir an Halt und Orientierung.

Der natürliche Weg ist, dass in meinem Herzensraum erst einmal die positiven Gefühle Liebe, Freude und Leichtigkeit präsent sind. So bin ich bestärkt und kann meine Frequenz erhöhen, mit der ich in die Welt das Zeichen sende: Ja, wunderbar – noch mehr von den höheren Schwingungen bitte! Die niedrigen Schwingungen wie Angst halten dich klein und eingeschränkt. Sie erschaffen Unwohlsein, Brüche und Zerrissenheit. Wir reden von der Angst, die diffus ist und aus negativen Gedankenschleifen entsteht. Ich spreche nicht von der Angst, die ein Überlebensmechanismus ist, wenn du akut in Gefahr bist. Dies ist kein Dauerzustand. Ständige Sorge und Beängstigung hingegen machen schwach, wenn du darin zu lange gefangen bist.

Also, steige aus dem Angstmodus aus und entscheide dich aktiv dafür, dein Leben in die Hand zu nehmen und zu erschaffen. Aus der Liebe, der Freude und der Leichtigkeit. Das darf dein neuer Modus sein. Wie willst du ihn nennen? Kreativmodus? Wachstumsmodus? Herzensmodus?

Der Hauptteil des Weges besteht aus Transformation in dir. Und da geht es oft um Ängste, die sich dort angesammelt haben. Durch alte Erfahrungen oder durch Übernahmen von anderen. Du brauchst die Angst nicht, denn du hast deinen Verstand, der so ausgereift ist, dass er Gefahren erkennt. In jedem Moment gilt also für dich, alte Verhaltensweisen, Gedankenmuster und Reflexe in etwas Neues zu verwandeln. In die Liebe, damit du Liebe sein und leben kannst. Transformation bedeutet nicht Wegmachen oder Loslassen, sondern immer wandeln. Vom Schatten ins Licht.

Wenn du dich also auf den Weg zurück zu deiner reinen Essenz machst, dann finde den Teil in dir, der immer vollkommen war und ist. Dann erkennst du, dass nichts und niemand dich brechen kann. Dann stehst du auf, was auch immer passiert ist. Dann bist du unverwundbar und findest den Mut, wirklich zu leben. Dann bin ich frei!

Impuls zum Vertiefen: Feuer im Herzen

Unser Herz hat eine starke Transformationskraft, wenn wir das Feuer darin aktivieren. Dann kann sich dort alter Schmerz in reine Liebe umwandeln. Denn wir können nichts einfach wegmachen – aber wandeln. Wenn wir die frei gewordene Lücke aber nicht schließen, kommt das Alte zurück. Auch deshalb erleben wir Situationen oft mehrmals.

Für diese Übung brauchst du ein wenig Zeit für dich, und es kann hilfreich sein, dass du sie mehrfach wiederholst, bis sie sich verselbstständigt. Denn wenn wir etwas Neues erlernen, entsteht erst durch die Wiederholung und Übung irgendwann der Effekt, dass wir automatisch diesen Prozess zu unserem Besten einsetzen. Und das wäre das Ziel: Negative Gefühle aus der Vergangenheit, die sich durch einen Trigger in der Gegenwart entladen, immer gleich zu transformieren, damit uns die Energie wieder zur Verfügung steht und wir nicht nur freier, sondern auch stärker werden.

Mache es dir für die Übung bequem und finde eine Haltung, wo der Brustkorb entspannt und frei sein kann – entweder im Stehen oder Sitzen (ziehe die Schultern noch einmal bewusst nach hinten, bis sie dich in eine aufrechte Haltung bringen, und mach den Rücken gerade) oder im Liegen auf dem Rücken. Atme ein paarmal durch dein Herz, bis du das Gefühl hast, dass du dort ganz präsent bist und sich der Atem mit deinem Herzschlag eingeschwungen hat. Gehe einfach nach deinem Gefühl. Lass dann ein positives Gefühl in dir entstehen, das Wärme in deinem Herzen erzeugt. Du kannst dich an jemand erinnern, den du von Herzen magst. Oder du kannst dir auch vorstellen, wie in deinem Herzen ein Feuer aufflammt, das dich wärmt. Wenn du dich damit wohlfühlst, spüre, in welchem Körperteil das Gefühl hängt, das dich schon länger belastet (z. B. Wut, Traurigkeit, Angst). Lass das Gefühl da sein und beobachte es. Dann lass es langsam in dein Herz fließen und bezeuge, wie es sich dort durch die Kraft des Feuers wandelt – in Liebe.

5. WERDE ICH VON DER LIEBE GEFUNDEN ODER SOLL ICH SIE SUCHEN?

Stellst du diese Frage, weil du denkst, du bist verloren? Das bist du nicht. Redest du dir ein, dass du etwas oder jemand finden musst? Woher kommt diese Frage?

Das Gefühl, verloren zu sein, ist eine Illusion. Und diese sorgt dafür, dass du dir am liebsten einen Kompass tätowieren würdest, der dich automatisch in eine bestimmte Richtung lenkt. Doch welche sollte das sein? Und würdest du nicht gern abseits des Weges etwas Neues entdecken?

Ich möchte dich also fragen: Warum suchst du einen bestimmten Menschen für dich? Schon so lange, so viel Lebenszeit? Hast du etwas oder jemand verloren? Das ist nicht möglich, nichts ist jemals verloren, denn alles ist Einheit und vollständig. Es gibt immer einen Ausgleich. Und so kannst du nie verlieren.

Suchen geschieht aus Verzweiflung. Die Suche treibt dich an, macht dich unruhig und unsicher. Die Suche führt dich direkt in den Mangel, in die Bedürftigkeit und die innere Unruhe. Suchen kommt von süchtig, macht dich abhängig und bedürftig. Also, suche nicht.

Aber sei nicht passiv. Um gefunden zu werden, braucht es deinen Einsatz. Dieser sieht anders aus, als du meinst.

Zuallererst geht es darum, Ruhe zu finden. Das bedeutet nicht Stillstand, du verpasst beim Innehalten nichts und die Zeit läuft dir nicht weg. Ruhe in allem. In der Aktion, egal, was du machst. Selbst wenn du rennst oder gestresst bist, kannst du komplett ruhig sein. Weißt du, was ich meine? Atme frei und tiefer durch und lass dich so in dir selbst einsinken, sodass du nicht ständig abhebst. Sodass du nicht den Boden unter den Füßen verlierst und dich in Gedanken verlierst, die dich glauben lassen, dass du dich verirrt hast. Schlage Wurzeln. In dir, in deinem Umfeld, im Moment.

Dazu gehört auch, dass du zufrieden bist. Denke nicht immer darüber nach, wie und wo du auch noch leben oder sein könntest und wohin du reisen könntest, um einen Moment zu erschaffen, wo du jemand begegnen kannst. So ganz zufällig? Zufälle passieren nicht, indem du sie planst. Und vergeude deine Zeit nicht damit, in jedem Menschen nach dem Einen zu suchen. Vertraue deine Zukunft etwas Höherem an. Mach keine Pläne, sonst verpasst du den eigentlichen Plan. Oder stiftest sogar Chaos.

Ich will nur dein Bestes. Bleiben wir bei dem Beispiel Partnersuche, bei all den Momenten, in denen du irgendwohin gegangen bist, um vielleicht jemand kennenzulernen. Anfangs beim Ausgehen. Dann bei der Arbeit, beim Reisen oder im Freundeskreis. Du hast so oft in mir eine große Blase der Hoffnung aufgebaut, und immer, wenn sie zerplatzte, tat es dir weh. Und danach hast du die Leere in mir gespürt.

Aber du hast mich gespürt, was gut war. Du hast nur die Leere als Mangel wahrgenommen, dabei tut mir Leere gut. Du denkst, dass ich immer voll sein muss, aber du hast mich nie gefragt, ob das wirklich das Beste ist. Ich fühle mich wohl, wenn ich leer bin, denn ich bin in Wahrheit immer voll. Die Leere ist die Illusion, die entsteht, wenn du mich füllen und fühlen willst, indem du etwas erzeugst, das nicht real ist.

So kommst du nicht an den Kern, nicht an das wahrhaftige Gefühl, zu dem du gar nichts hinzufügen musst. Genauso, wie du zu dir nichts addieren musst. Fülle entsteht nicht, indem du versuchst, anders oder mehr zu sein, als du eigentlich bist. Dieses »Mehr« – was auch immer es ist – erschafft eine Schieflage. Vielleicht willst du netter sein, als du bist. Dann legst du dir eine andere Stimme zu, die vielleicht gar nicht zu dir passt. Und die Menschen, die zu dir passen, die dir guttun, erkennen dich so nicht. Sie sind sogar verwundert: Sollte sie nicht eigentlich anders sprechen?

Oder wenn du anders aussehen oder wirken willst, als du erschaffen wurdest, dann erzeugt das Irritation und lässt dich, deine Umgebung von dir abrücken.

Wie wäre es nun, wenn du alles genauso lassen würdest, wie es von der Natur vorgesehen ist? Was wäre, wenn du bestimmte Momente einfach so gelassen hättest, wie sie waren? Auch nicht mehr oder weniger: ein netter Abend mit Freunden auf einer Party, eine abenteuerliche Reise, ein ganz normaler Tag bei der Arbeit? Stelle es dir vor und spüre den Gleichmut und die Gelassenheit. Das ist es!

Sei da, wo du bist. Und funke von diesem Ort aus deine Frequenz in die Welt.

Wie das geht? Wie du das machen sollst? Mach dich zuallererst sichtbar. Dazu gehört, dass du die Schichten um dich herum abträgst. Dabei handelt es sich um die Schicht der Angst, der Unsicherheit, der Verletzungen, der Erwartungen, der Scham. Mach dich frei, indem du an das Höchste glaubst und vertraust. Sende deine Frequenz, um zu empfangen. Verstelle dich nicht und zeige dich, wie du bist. In deiner ganzen Schönheit. Und in deiner ganzen Fülle und Vollkommenheit.

Sei auch unbequem. Das bedeutet, dass du deine Grenzen setzt. Dass du anderen sagst, wann es dir reicht, was dich stört. Ich sage das, weil ich fühle, dass du perfekt wirken möchtest, um entdeckt zu werden. Liebe kennt keine Fassaden, sie durchschaut alle Konstrukte, die du dir baust, um doch nicht erkannt zu werden. Und du bist so unglaublich liebenswert. Es ist einfach, dich zu lieben. So einfach. Vor allem, wenn du nicht denkst, du müsstest etwas dafür tun, und dich dann so verhältst.

Schau mal, wie gut du gelernt hast, dich anzupassen. Wie schnell du Menschen und Orte erfassen kannst, um dich dort einzugliedern. Wohin hat es dich gebracht? Weiter weg von dir. Je näher du an andere herangerückt bist, umso mehr hast du dich verloren. Aber das braucht gar nicht so zu sein, bei den passenden Menschen. Weil eine gesunde Beziehung aus Geben und Nehmen besteht.

Du hast so viel Zeit damit verbracht, über Chancen und Möglichkeiten zu reden, zu denken, zu spekulieren. Ich war dabei, als du mit deinen Freundinnen stundenlange Gespräche geführt hast. Darüber, was du noch machen kannst, um geliebt zu werden. Du hast nie gefragt, was du nicht zu machen brauchst.

Dir wurde gesagt, dass du Listen schreiben sollst, dass du genau wissen musst, was du suchst und brauchst. Ich sage dir: Lass all das los. Alle Regeln, alle Ideen, alle Verbote, allen Verzicht. Du engst dich und deinen Radius damit ein. Mach dich stattdessen weit und beweglich. Liebe ist nicht fixiert, sie ist ein fließendes Gefühl.

Du brauchst niemals zu suchen, das funktioniert nicht, weil es dich auf Irrwege schickt. Und weil dein Gegenüber auch nicht sucht, wirst du nicht gefunden. Vielmehr findet eine Begegnung statt. Zur richtigen Zeit, am passenden Ort. Zu deinem Besten. Also lass die Suche los. Fühle. Lebe. Und glaube an das Höchste, an das Beste für dich. Und dann vertraue. Akzeptiere. Und wisse: Wenn die Sehnsucht nach einem Partner, der dir deine Liebe spiegelt, so groß ist, dann gibt es ihn schon. Verkleinere durch deine Suche nicht den Raum der Möglichkeiten. Lass Luft und Platz, erweiterte deine Perspektive. Und akzeptiere, dass die höchste Form der Liebe bereits mit dir verbunden ist. Du hast nie etwas verloren, du hattest immer schon gefunden. Und eigentlich kannst du nichts verlieren und nichts finden. Ich bin dein Kompass.

Impuls zum Vertiefen:
Die Geschenke des Lebens

Erinnere dich an freudige Ereignisse und Begegnungen in deinem Leben, die dir scheinbar zugeflogen sind: eine Reisebekanntschaft, ein Flirt, ein neues Jobangebot, eine

Einladung, ein freundliches Wort. Und erinnere dich vor allem daran, dass dieser schöne Moment entstanden ist, ohne dass du ihn geplant hast. Vielleicht kam dieses Neue sogar zur richtigen Zeit am richtigen Ort in dein Leben? Welches überraschende Geschenk hast du damit vom Leben erhalten?

Und erinnere dich auch an die Momente in deinem Leben, die für dich eine Herausforderung waren. Aus heutiger Perspektive betrachtet: Was hast du daraus gelernt, und würdest du sagen, dass du danach auch stärker geworden bist?

6. KANN ES SEIN, DASS ICH DIE LIEBE VERPASSE?

Liebe ist für alle da. Mehr als genug. Und die Anerkennung der Liebe vermehrt sie. Das Gefühl, vom Leben benachteiligt zu sein oder nicht berücksichtigt zu werden, entsteht in dir. An einem Ort des Mangels, den du für dich erschaffst.

Liebe ist Magie. Sie gehört niemand und gehört zu niemand. Von der Liebe im Außen abhängig zu sein, ist etwas Trauriges und Beschwerendes. Sie macht dich bedürftig. Dabei hast du es verdient, glücklich zu sein und in jedem Moment zu lieben. Das ist dein Grundrecht. Damit bist du geboren, ich ich bin deine Zeugin. Erfreue dich an der Fähigkeit, lieben zu können! Du darfst dir einen heilen und wunderschönen Ort erschaffen. Denn wenn ich mir deine Frage genau anhöre, dann steckt darin auch etwas davon, dass du es dir nicht erlaubst, dass hier in diesem

Moment die Liebe fließen darf. Du trittst aus dem Strom raus und fragst verschlossen von außen, du schaust: Wo ist denn jetzt die Liebe? Dabei strömt sie um dich herum, die ganze Zeit. Du darfst eintauchen und damit fließen. Was du verlierst, ist deine Kontrolle und dieses Zögern, das aus Angst entsteht.

Was passiert also, wenn du dich vollständig auf das Leben einlässt und lebendig wirst? Dann macht vieles, woran du dich am Ufer geklammert hast, keinen Sinn mehr. Dann musst du etwas aufgeben. Du denkst, das wäre ein Verlust. Aber in Wahrheit hast du dich die ganze Zeit aufgegeben.

Als du dich herausgenommen hast, um zuzuschauen, hast du das Vertrauen in dich und die Liebe verloren. Und da stehst du nun und wartest. Schaust angespannt, ob du etwas verpasst hast, zum Beispiel eine Chance. Nein! Das ist nicht möglich. Das, was zu dir gehört, kommt und bleibt. Es ist gekommen, um zu bleiben. Was geht, lass frei, es war nie deins.

Wenn du das Leben aus dieser Perspektive sehen kannst, dann kannst du auch die Angst loslassen, dass du etwas falsch oder richtig machen könntest. Du gibst dein Bestes, in jedem Moment. Das ist gewiss. Auch wenn es von außen nicht so erscheint. Du gibst immer das, was gerade möglich ist. Sonst hättest du es anders gemacht. Also, vergib dir auch, dass du dich zur Wartenden ernannt hast, die immer schaut, ob der Bus noch kommt oder schon vorbeigefahren ist oder ob er überhaupt bei dir anhalten würde.

Du verdienst das Herzlichste und Höchste für dich, und es wird dich in dem Moment treffen, wo du das für dich beherzigst. Und währenddessen: Verschwende deine Zeit, deine Energie nicht darauf, zu bangen. Fürchte dich nicht vor Fehlern und vertraue darauf, dass du schon sehen wirst. Du wirst sehen und wissen.

Impuls zum Vertiefen:
Symbol für Vertrauen

Suche dir einen Gegenstand, der dich immer wieder an das Vertrauen erinnert, und platziere ihn sichtbar und griffbereit in deiner Umgebung. Halte ihn in der Hand, wenn du das Gefühl von Vertrauen brauchst, bis du es in deinem Körper spürst.

7. WAS BEDEUTET ES, MICH SELBST ZU LIEBEN?

Das ist eine große und wichtige Frage. Danke, dass du sie stellst, denn es gibt Menschen, die niemals eine Antwort auf diese Frage suchen. Dabei sollte sie mit dem ersten Atemzug da sein. Denn die Antwort bildet die Grundlage und Basis in deinem Leben. Wie der gut genährte Boden, in dem die Saat aufgehen soll. Aber meist möchtest du etwas blühen sehen, bevor du anerkennst, dass es dafür konstante Energie und Pflege braucht, eine nahrhafte und sichere Basis, die nur du erschaffen kannst. Die gute Nachricht ist: Du kannst es. Du hast alle Fähigkeiten dafür. Aber als Erstes gilt es umzudenken: Das Außen folgt dem Innen und nicht umgekehrt. Das bedeutet erneut: Alles beginnt in dir. In deiner Fülle, in deiner Verbindung, in deiner Liebe zu dir selbst.

Der Weg dahin kann aber beschwerlich oder ungewöhnlich sein, denn die meisten suchen die Liebe (oder was sie als Liebe verstehen) im Außen. Sie wollen sich selbst bestätigt fühlen. Dabei geht es immer nur darum, sich in dem anderen zu erkennen. Nur so viel Liebe, wie du bereit bist zu tragen, kannst du auch empfangen.

Und selbst wenn sie wissen, dass es auch die Selbstliebe gibt, verstehen sie diese falsch. Manche Menschen denken, es sei egoistisch, sich selbst an die erste Stelle zu setzen. Aber darum geht es nicht. So entsteht die Abwärtsspirale: Sie achten nicht auf ihre Bedürfnisse, setzen keine Grenzen, weil sie selbstlos sein wollen. Aber frei von Bedürfnissen zu sein ist nicht die beste Eigenschaft. Dies bedeutet letztlich, im Mangel und nicht in Kontakt mit sich selbst zu sein. Wie willst du dann aber geben, wenn du nichts hast?

Wenn du dich selbst nicht achtest, wirst du klein, manchmal unsichtbar. Du atmest flacher, du fühlst dich immer weniger. Du vergisst und verlierst dich. Dann lebt der Körper wie eine viel zu große Hülle, in der du dich versteckst. Und ich vermisse dich jeden Moment.

Also, komm zurück! Der Weg dahin beginnt, indem du zulässt, dass Liebe ganz selbstverständlich in jedem Moment zu dir fließen, dich erfüllen und ausfüllen darf. Und dann, wenn dein inneres Fass schon überläuft, teile. Gib dir selbst die Erlaubnis, dass Liebe dich bis in jede Zelle nähren darf, und sei Liebe. Dies ist ein natürlicher, kein anstrengender Zustand. Genauso wie deine Handlungen aus diesem inneren Zustand natürlich und selbstverständlich werden.

Vergiss es nicht, kümmere dich jeden Tag darum. Lass dich nicht ablenken und gehe nicht bedürftig zu anderen, damit sie dir Liebe schenken. Das macht dich abhängig, dabei möchte ich nichts lieber, als frei zu sein. Stelle dir eher ein Geben und Nehmen vor, über das du nicht nachdenken musst. Es gibt keinen Unterschied zwischen deiner Liebe und der von anderen. Der Raum ist erfüllt, und ihr teilt. Die Liebe vermehrt sich. Es ist genug da, wenn du annehmen und teilen kannst.

Vielleicht kommt es dir etwas komisch vor, dass du selbst für die Liebe in dir verantwortlich bist. Aber sieh es doch mal so: Es ist auch praktisch, denn du kannst sie dir wirklich in jedem Moment geben. Ich pumpe nicht nur Blut durch deine Adern, sondern auch Liebe. Fühle es!

Und wenn du dich selbst liebst, erwächst daraus automatisch ein Leben, das dir dient und dir noch mehr Fülle und Liebe schenkt. Einfach so. Wenn du dich selbst liebst, achtest du automatisch darauf, dass du gut genährt bist. Du entscheidest dich also dafür, das und nur so viel zu essen, was und wie dir guttut. Du entscheidest dich für Lebensmittel, die aus Liebe entstanden und so natürlich wie möglich sind, damit noch genug Energie darin vorhanden ist, die dich nährt. Du wählst weise und wirst satt. Das Essen schwächt dich nicht, sondern stärkt dich.

Du achtest darauf, dass du genug Schlaf bekommst, dass dein Körper entspannt und sich bewegt. Du bist in Ruhe und Gelassenheit. Und wenn du mal nicht dort bist, bringst du dich liebevoll dorthin zurück. Nicht erst morgen, sondern sobald du es merkst. Dafür ist der Kontakt mit dir da.

Du sorgst dafür, dass niemand deinen Raum betritt und ihn missachtet. Niemand darf hier seinen Müll abladen, niemand darf dich entwerten, niemand darf dich angreifen. Besonders nicht du dich selbst, die dies zugelassen hat. Also, vergib dir selbst und entscheide dich, es ab jetzt anders zu machen.

Du entscheidest dich, mit dem, was dir liegt und Freude bringt, einen Beitrag für die Welt zu leisten.

Du vertraust darauf, dass die Bienen kommen, wenn die Blume blüht. Alles, was du tun musst, ist gut für dich selbst zu sorgen, damit du blühen und strahlen kannst. Was du dafür brauchst, kann dir niemand sagen. Du fühlst es. Du weißt es. Du machst es.

Impuls zum Vertiefen: Selbstliebe-Übung

Schaue in einen Spiegel, in deine eigenen Augen, und halte diesen Blick für einen Moment. Dann lasse in dir Liebe entstehen und spüre, wie sich das anfühlt. Kannst du diese Liebe zu dir wahrnehmen? Was liebst du an dir? Wiederhole diese Übung am besten jeden Tag, bis sich das Gefühl bei dir vollkommen natürlich gesetzt hat und es dir nicht mehr schwerfällt oder komisch vorkommt, das Gefühl der Liebe jedes Mal zu spüren, wenn du in einen Spiegel schaust oder ein Foto von dir siehst – egal, wie du an dem Tag aussiehst und welche (gelernte) Bewertung du dazu hast.

8. WIE KANN ICH LIEBE IN DIE WELT BRINGEN?

Danke, dass du fragst. Denn das ist es, was die Welt braucht. Liebe und noch mehr Liebe, Freude und Frieden. All das entsteht bei jedem einzelnen Wesen im Inneren. Deswegen ist es unsere Aufgabe, uns zu erinnern, wer wir wirklich sind. Dazu gehört auch, die Quelle von endloser Liebe, Freude und dauerhaftem Frieden zu finden. Denn erst dann sind wir frei. Dann gibt es das Paradies auf Erden.

Du kannst anfangen, als Pionierin voranzugehen, indem du alle Vorwürfe fallen lässt. Schuldzuweisungen und Groll gegen etwas oder jemand machen dich zur Gefangenen. Es geht nicht um eine moralische Diskussion darüber, was richtig oder falsch ist, und es geht auch nicht darum, etwas zu entschuldigen. Es geht einzig und allein darum, dass du deine Verletzungen, die du noch in deinem Verstand fühlst, heilst. Damit du nicht aus den Gefühlen, die aus den Verletzungen entstanden sind – Wut, Angst, Scham –, weiter handelst und vom Opfer zum Täter wirst. Damit du vergeben kannst, damit du frei bist.

In dem Moment werde ich mich so öffnen können, dass meine Strahlkraft groß ist, dass sie andere berührt. Denn nur wenn du mich nicht gefangen hältst, weil du sauer auf das Leben bist und deine Liebe der Welt verweigerst, kann ich mich zeigen und ein lebendes Beispiel dafür sein: Hey, ich bin hier. Ich bin da. Ich schlage jede Sekunde weiter, egal, was passiert ist und noch passieren wird. Ich entscheide mich, nie wieder in den Abgrund von Dualität und Fronten abzurutschen.

Ich weiß, dass es manchmal eine Weile braucht, um dies zu verinnerlichen und auch so zu handeln. Immer wieder zu vergeben, dir selbst und anderen, und dann die Stärke zu haben, sich zu zeigen, ist ein Weg, den wir nur allein gehen können. Doch andere sind ihn vor uns gegangen. Und es werden immer mehr folgen. Tue es für dich und damit für die Welt, für die Generationen nach dir. Sie brauchen Orientierung. Es braucht Menschen, die beherzt ihren Weg gehen, ganz selbstverständlich. Denn so lernen wir: von Herz zu Herz. Da braucht es keine Worte mehr, denn besonders Kinder lernen, indem sie dein Verhalten und deine Energie verinnerlichen. Du brauchst dich nicht zu erklären oder zu rechtfertigen, du kannst einfach sein. Und dann können andere dich kopieren. So entsteht eine Welle und damit Veränderung im inneren Wesen der Menschheit. Im Kern. Und stell dir nur mal vor, was das mit sich bringt: In der Selbstachtung achten wir auch alle anderen um uns herum. Die Natur. Die Tiere. Liebe ist Heilung und Wachstum. Alles ändert sich, wenn wir die Liebe nicht mehr als Gefühl sehen, sondern als eine Lebenskunst. Was wäre, wenn wir alle mit Feuer in unseren Herzen diese Welt bewegen?

Aber allem voran steht die Selbsterkundung. Es braucht Disziplin, erst einmal mit sich allein auszukommen, und Willen, sich selbst zu verstehen. Aber es lohnt sich immer. Denn dann verstehst du alles. Vor allem, dass du nicht allein bist. Du wirst so mehr Menschen in dein Leben ziehen, die ähnlich unterwegs sind. Sie sehen dich, sie verstehen dich, sie wollen nur das Beste für sich und andere. Mühelos.

Das ist sowieso etwas, das ich dir sagen will: Alles, was in Leichtigkeit passiert, zeigt dir, dass du auf dem Weg bist. Das Leben darf einfach sein und wird immer einfacher, je mehr du liebst. Denn was kann dich dann noch verletzen, enttäuschen oder aufhalten?

Du kannst heute damit anfangen. Nicht erst morgen oder wenn du denkst, nun bist du darin perfekt. Es geht nicht um Leistung oder darum, etwas zu erreichen. Denn wie gesagt: Alles ist da, erlaube dir voller Vertrauen, zum Kern vorzudringen und dann mit dieser Erkenntnis zu sein. Dann bringen sich in deinem Leben so viele andere Dinge selbst ins Lot. Geh an die Wurzel! Nimm die Anstrengung und das Wollen raus!

Um dorthin zu gelangen, braucht es ein Urvertrauen in das Leben, Hingabe und eine liebevolle Verbindung zu deinem Körper. Du darfst dich selbst annehmen. Tauche voll und ganz in das Leben ein und sei großherzig!

Impuls zum Vertiefen: Dein Herzraum

Knie für einen Moment auf dem Boden und spüre den Kontakt. Fühle dich getragen und verwurzelt, dann öffne deine Arme und winkele die Ellenbogen leicht an. Führe deine Arme wie Flügelschläge vor dein Herz, bis sich deine Handflächen fast berühren, dann öffne sie wieder nach hinten. Spüre die Öffnung und dann wieder das »Umarmen« deines energetischen Herzraums. Vielleicht fällt dir das Reinfühlen leichter, wenn die Augen geschlossen sind. Wähle dein eigenes Tempo für die Bewegung und entscheide, ob du dabei Musik von der Playlist hörst oder nicht. Mache die Übung für ca. drei bis fünf Minuten, ohne zu stoppen. Probiere gern aus, wie es sich anfühlt, wenn du die Bewegungen schneller oder langsamer machst. Was ist anders? Achte deine Grenzen und Bedürfnisse. Wenn Gefühle hochkommen, versuche dich auf deine Atmung zu fokussieren. Atme gleichmäßig ein und aus – und beobachte deine Gefühle liebevoll. Lass dich berühren, lächele, lass Tränen fließen.

9. HAST DU ANGST?

Ich kann Angst spüren. Sie löst in mir einen Alarm aus, und ich schlage schneller. Das ist alles. Die Angst wird immer aktiviert – durch eine *echte* Bedrohung. Sie verfliegt so schnell, wie sie gekommen ist. Die Angst, die du meinst, ist eine andere. Sie ist selbst gemacht. Sie entsteht durch Sorgen und Befürchtungen, die nie eingetreten sind. Und sie kommt aus der Erinnerung. Ich kenne deine Reaktion auf das Gefühl der Angst. Du bewegst dich nicht mehr, du erstarrst, du mauerst dich ein, du atmest kaum noch. Und ich verstehe dich, es ist ein natürlicher Reflex. Du willst dich schützen. Du hast immer Angst, verletzt zu werden. Aber steht jemand mit einem Messer vor dir?

Die Wahrheit ist, dass du dich mit deinen Gedanken und Gefühlen selbst verletzt. Wenn du zum Beispiel die Erfahrung gemacht hast, dass jemand dich verlassen hat, und du das Gefühl hast, dass dich das verletzt, dann ist das immer deine Entscheidung. Ich bin im Takt geblieben. Ich habe weitergemacht und dich lebendig gehalten, als du dachtest, du stirbst.

Die Schmerzen, die du gefühlt hast, entstanden durch deine Gedanken. Wo Schmerz ist, ist keine Einheit, sondern Trennung. Anstatt die Trennung zu spüren, weil dich jemand verlassen hat, kannst du beim nächsten Mal besser die Einheit spüren, deine Ganzheit und Vollkommenheit. Sie ist unerschütterlich. Alles andere ist die Illusion, der du wie so viele andere verfallen bist. Weil du es nicht anders kennst, weil du es nicht anders gelernt hast. Aber nun hast du die Chance, dich neu zu verstehen und anders zu halten. Du kannst jeden Moment alles neu drehen und immer spüren, dass die Perspektive, mit der du durchs Leben gehst, entscheidend ist. Der Schmerz kann dich zurück in deine Kraft bringen. Risse lassen das Licht einströmen und dich öffnen. Sie geben dir die Möglichkeit, dich neu zusammenzubauen.

Ängste sind Lehren. Sie erinnern uns daran, dass es nichts zu fürchten gibt. Dass nur Liebe real ist. Und dass sie immer stärker ist.

Die Worte sind leicht gesagt, vor allem, weil wir in einer Welt leben, die Ängste schürt. Man kann süchtig nach Angst und Schmerz werden, weil sie einen wenigstens etwas fühlen lassen. Und weil sie einem Ausreden geben, in der eigenen Komfortzone zu bleiben, in der man aber nicht wachsen kann. Dort bleibt alles, wie es ist. Aber das Menschsein ist auf Wachstum ausgerichtet, in jeder Zelle und in der Gesamtheit. Wer nicht wächst, bleibt stehen und kommt nicht mit. Eine solche Entscheidung ist nicht etwa leichter, denn gegen das eigene System zu arbeiten, kostet Kraft. Das schafft man nur, wenn man sich von sich selbst trennt. Und das ist der größte Schmerz, den man erleben kann. Denn dann haben Körper und Geist keine Beziehung zueinander. Dann hat man zu nichts und niemand eine Beziehung, und es ist unmöglich, dass die wahre Liebe einen berühren kann.

Wenn du mich also fragst, ob ich Angst habe, dann ist es deine Befürchtung, deine Sorge um mich, die du loslassen kannst. Denn wenn du nicht lebendig bist, wenn du der Kontrolle mehr Raum gibst, versperrst du den Weg in die Freiheit und Erfüllung. Dann machst du dir buchstäblich das Leben schwer und fährst immer mit angezogener Handbremse. Das ist kein lebenswertes Leben. Das ist Anstrengung.

Impuls zum Vertiefen:
Wähle immer Liebe

Beobachte dich heute. Immer wenn Angst und Sorge sich melden, atme ganz bewusst fünf Mal durch dein Herz und spüre die Liebe und Leichtigkeit dort. Lass sie stärker und weiter werden als die Enge der Angst. Und sage der Angst, dass sie dich beschützen darf, indem sie dich stärkt und nicht verunsichert.

10. WIE LIEBE ICH JEMAND, DEN ICH HASSE?

Wenn du davon ausgehst, dass Hass das Gegenteil von Liebe ist, dann ist das kurz gedacht. Denn die vollkommene Liebe hat keine Entsprechung, keine Schattenseite. Wohl aber die angehaftete Liebe. Und nur deswegen kann sie sich in Hass verwandeln. So kann es passieren, dass du jemand erst so sehr lieben willst und dann hasst du ihn plötzlich, weil er sich anders verhält, du genervt oder enttäuscht bist. Oder weil er dich verletzt. Das alles ist möglich, weil du dich an etwas klammerst, das eine Illusion ist.

Wahrhaftige Liebe kann sich nicht ändern – egal, was passiert. Das bedeutet nicht, dass damit schädliches Verhalten gerechtfertigt oder entschuldigt ist. Das bedeutet nicht, dass du manchen Menschen in deinem Leben keinen Raum mehr gibst. Es bedeutet einzig und allein, dass du in jedem Menschen, in jedem Wesen die Liebe erkennst und damit den inneren Kern anerkennst. Was auch immer an der Oberfläche passiert, unterschwellig ist immer Liebe zu finden, die fließt.

Wenn es im Sichtbaren einen Konflikt oder ein Missfallen gibt, ist es nur schwer, die Liebe zu greifen und zu fühlen. Denn diese Grundliebe, die uns eint und menschlich macht, diese Daseinsberechtigung und Unendlichkeit, ist subtil und nicht mit den Augen sichtbar. Also, schließe deine Augen und sehe.

Hass hält uns gefangen. Um in die Vergebung und damit raus aus dem Hass in die Freiheit zu gelangen, braucht es Mitgefühl und liebende Güte. Das sind hoch entwickelte Fähigkeiten, die nur wenig mit einem Satz wie »Das tut mir leid für dich« zu tun haben. Auf der Ebene des Leids noch mehr Leid hinzuzufügen, bringt beiden Seiten nichts. Aber das Mitgefühl hat die Kraft, den anderen zu stärken und damit auch immer einen selbst. Wenn du es schaffst, für jemand den Raum zu öffnen, in dem er sich gesehen, geliebt und gehalten fühlt, dann ist dies ein größeres Geschenk, als in Mitleid zu verfallen und dort keine Kraft aufbringen zu können, um wieder in die Liebe zu finden.

Hass bringt oft auch Wut mit sich. Wut ist feurig und lässt dich handeln. Wenn du mit ihr den Hass vertiefen willst, erschaffst du Zerstörung. Wenn du dich auf Wachstum und Vergebung ausrichtest, hilft dir die Wut, die Schubkraft aufzubringen, um die Dinge anders zu sehen und Frieden zu erschaffen.

Erkenne: Wenn du jemand hasst und damit ablehnst, schadest du dir selbst. Dann lehnst du auch dich ab. Dann wendest du dich gegen die Chance, zu wachsen und es anders zu machen. Dann nimmst du dir selbst die Möglichkeit, in Liebe zu wachsen und ein Vorbild für andere zu sein. Wenn du stattdessen aber Liebe wählst und dich immer wieder neu dafür entscheidest, nimmst du dir nichts, sondern gibst dir so viel. Es wird immer leichter werden.

Du brauchst dafür auch nicht das Einverständnis oder das Mitmachen des anderen. Du kannst diesen Weg für dich gehen, ohne jemand zu überzeugen oder mitzunehmen. Es ist deine Freiheit und somit Selbsterlösung.

Halte den Raum in dir und um dich herum schön. Erlaube dir, die schönsten Blumen zu pflanzen und gut genährt zu wachsen. Lass nicht zu, dass der Hass dich und die Welt um dich herum hässlich macht.

Impuls zum Vertiefen: Sage Ja, sage Nein

Entscheide dich heute bewusst dafür, zu allem, was noch mehr Liebe erzeugt, JA zu sagen, und zu allem, was das Gegenteil bringt, NEIN zu sagen. Grenze dich in Liebe und Entschiedenheit ab, wenn du irgendwo mangelnden Respekt und mangelnde Wertschätzung erfährst. Und gehe noch tiefer in das Gefühl, wenn du auf Liebe und Freude triffst. Das alles geht auch ohne Worte. Es ist vor allem eine innere Ausrichtung.

11. WIE KANN ICH MIR ZEIT FÜR DIE LIEBE LASSEN?

Meine Liebe, nimm den Druck raus. Ich weiß, dass es Erwartungen gibt und du das Gefühl hast, sie kämen von außen. Aber in Wahrheit ist da niemand, der das Recht hätte, dir deinen Zeitplan vorzuschreiben. Den Druck und damit den Stress machst du dir selbst.

Das Leben ist vergänglich sowie alle Momente zwischen dem ersten und letzten Atemzug. Deswegen verliere dich nicht in der Zeit, sondern bleibe im Moment. Dann ist da nur Ewigkeit. Kein Gestern, kein Morgen und kein Gefühl von Verpassen. Wenn du immer woanders sein willst, als du gerade bist, kannst du nicht in den Augenblick eintauchen und das Geschenk des Lebens annehmen. Denn dann hast du immer das Gefühl von Mangel. Du glaubst, dass da noch etwas fehlt und dass in der Zukunft, wenn die Vorstellung von deiner romantischen Version der Liebe da ist, alles andere automatisch mitkommt. Die ganze Erfüllung. Das ist nicht so. Was soll noch kommen, was nicht schon längst da ist? Die gute Nachricht ist, dass du jetzt in diesem Moment vollständig bist und alles bereits da ist, was du brauchst. Es ist in dir. Auf ewig.

Insofern hast du alle Zeit der Welt. Du brauchst nicht darauf zu warten, dass das Leben beginnt. Du musst nicht bangen und hoffen, dass sich etwas verändert. Denn es ist eh gewiss, dass das Leben Veränderung ist. Es ändert sich – egal, was du tust. Aber du kannst es nicht kontrollieren. Also verschwende deine Energie erst gar nicht. Und je mehr du den Moment lebst und akzeptierst, desto schneller kommst du an. Wenn du langsam wirst, dann wird deine Welt wahr und wahrhaftig für dich. Dann kannst du aus diesem erfüllten Sein in das Tun gehen – und dir automatisch das Leben erschaffen, das dir noch mehr Erfüllung bringt, und Momente, für die du dankbar bist. Aber der erste Schritt ist, dies jetzt zu spüren. Die Dankbarkeit und die Erfüllung.

Denn was sollte das Leben dir noch geben, wenn du nicht das schätzt, was bereits da ist? Das macht keinen Sinn.

Verbeuge dich in Demut.

Und erkenne, dass Zeit für dich keine Relevanz hat, wenn es darum geht, zu leben und in Liebe zu sein. Wünsche dir nicht das Leben weg, indem du hoffst, dass Zeit vergeht, damit du ankommst. Stell dir nicht vor, dass nach dem Hügel der Anstrengung irgendwo grüneres Gras wächst, und denke nicht, dass du dich besser fühlst, wenn sich in deinem Leben etwas verändert. Auf der Ebene des Herzens bist du bereits so erfüllt, dass es kein Besser oder Schlechter gibt.

Deswegen: Nein! Lass dir keine Zeit für die Liebe. Lass die Liebe da sein, in jedem Augenblick. Und gehe deinen Weg bewusst. Überstürze nichts, wähle immer weise und mit Bedacht. Alle deine Entscheidungen sollten über mich laufen, damit du keine Umwege gehst. Aber manchmal sind diese Umwege nötig, damit du etwas Wesentliches erkennst. Deswegen ist es okay, wenn du dich verläufst und länger brauchst. Du kannst nichts verpassen. Schon gar nicht das, was wirklich wesentlich und wichtig für dich ist. Die für dich vorgesehenen Herzensmomente haben ihre bestimmte Zeit, und du bist immer pünktlich.

Impuls zum Vertiefen: Momentaufnahme

Schreibe dir auf, was dich im Leben anstrengt und unter Druck setzt. Wo setzt du dir selbst eine Deadline und warum? Worin möchtest du unbedingt perfekt sein? Woran klammerst du dich schon so lange, in der Hoffnung, dass es passiert, damit du dich besser fühlst? Du kannst einen langen Text oder nur Worte aufschreiben. Sammle, was du in die Zukunft verlagerst, womit du dich abhetzt und was dich erfüllen soll. Dann schaue es dir noch einmal genau an und frage dich: Ist es das wert, dass ich den Moment vergesse und nicht hinschaue, was in meinem Leben schon da ist? Dann erstelle eine neue Liste und schreibe auf, wofür du in diesem Moment dankbar bist, was dein Herz erfüllt und was du besonders liebst? Fühle, wie sich in deinem Herzen noch mehr Dankbarkeit und Liebe ausbreitet, damit du noch erfüllter bist.

Dann fokussiere dich darauf. Schau es dir jeden Tag an und lass die guten Gefühle dazu mehr werden. Mach noch mehr von den Dingen, die dich erfreuen und die du wirklich magst. Verbring mehr Zeit mit den Menschen, die du gernhast, und zeige ihnen, wie sehr du sie magst.

12. WELCHE BEZIEHUNG IST DIE BESTE FÜR MICH?

Die wichtigste Beziehung ist die zu dir selbst, denn daraus entsteht alles. Ich kann es nicht oft genug sagen und betonen. Aus der Liebe zu dir selbst entsteht ganz automatisch die Erfüllung in deinem Leben. Denn Selbstliebe bedeutet auch, das Leben zu lieben.

Du gehst einen Umweg, wenn du zuerst die Beziehung mit anderen Menschen ersehnst und sie auch an die erste Stelle setzt. Natürlich ist die Beziehung zu anderen sehr wichtig und gehört zum Leben dazu. Darin können wir uns auch selbst erkennen. Aber dafür gehört es dazu, sich selbst erst einmal zu verstehen und die Bereitschaft zu haben, sich in der Tiefe kennenzulernen, um auch diese Beziehungen weise zu wählen. Wir sind alle gleich, aber nicht gleich bereit. Wir sind an unterschiedlichen Lernpunkten und uns unterschiedlich bewusst über das Leben. Es ist besser für dich, wenn du ungefähr dieselbe Bewusstseinsebene wie dein Gegenüber hast, weil du dich sonst zu sehr in die eine oder andere Richtung verbiegst. Entwickle dich vor allem nicht zurück. Sondern immer nach vorne. In Liebe.

Es ist interessant, dass du die Frage stellst. Denn sie zeigt auch, dass du zwischen Beziehungen unterscheidest. Dabei ist nichts besser oder schlechter. Aber ich verstehe, was du wissen willst. Du fragst auch nach der Beziehungsform, danach, welches Lebensmodell zu dir passt oder passen könnte. Auch hier bist du frei zu wählen und deine Erfahrungen zu machen. Es gibt keine Regeln und keine Moral. Du entscheidest. Du kannst dich auch für oder gegen deine Familie oder einzelne Familienmitglieder entscheiden. In Liebe. Die Herkunft entscheidet nicht über Kompatibilität. Und je mehr du wächst und dich veränderst, desto wichtiger ist es, dass die Menschen an deiner Seite mitwachsen können. Dass sie verstehen, dass das Leben Veränderung ist, und sich selbst nicht ausbremsen, und vor allem nicht dich ausbremsen.

Es gibt aber auch noch andere Beziehungen. Sie sind nährend und fördernd, weil ihr Ursprung rein ist. Die Beziehung zur Natur und zu Tieren. Und in gewisser Weise auch zu Kindern, weil auch sie mehr im Moment leben als wir. Ein Kind kann in einem Moment weinen, dann wieder lachen. Die Reaktionen sind wahrhaftig. Ein Kind täuscht nicht und lässt sich nicht täuschen.

Es ist sehr wichtig, eine heilsame Verbindung mit der Natur und den Tieren zu haben. Sie kann uns mit so viel

Liebe, Freude und Frieden (er-)füllen, weil sie natürlich, rein, leicht und spielerisch ist. So kommen wir immer wieder mit unserer Natur und Natürlichkeit in Kontakt. Besonders die Natur ist eine unerschöpfliche und unermüdliche Quelle der Kraft und Inspiration. Sie erinnert uns daran, wer wir sind und wohin wir zurückkehren dürfen. Sie ist ein Beispiel für grenzenlose Güte und Mitgefühl. So wie ein Teil der Menschheit die Natur behandelt, hätte sie schon längst aufhören können, zu lieben und zu nähren. Die Erde könnte durch ein Beben alle Menschen loswerden, aber sie tut es nicht. Das ist Liebe und Güte. Wie eine liebende Mutter, die für ihre Kinder den Raum zum Sein erschafft. Wichtig ist zunächst, dies zu erkennen und auch den Schmerz zu fühlen. Es kann überwältigend sein zu realisieren, welches unnötige Leid wir der Natur und den Tieren zufügen, welche Unterschiede wir machen: Schweine sind nicht dafür da, zu leiden und uns als Nahrungsmittel zur Verfügung zu stehen, und sie sind genauso wertvoll wie ein Haustier.

Kinder leiden stumm, wenn wir ihnen nicht ihre Natürlichkeit und den Raum zur freien Entfaltung lassen, getragen von bedingungsloser Liebe. Es ist deshalb so schmerzhaft, weil sie sich nicht wehren (können). Und weil sie unsere Zukunft sind. Eine Zukunft, in der Menschen wieder in ihre Natürlichkeit finden und sich nicht mehr über Tiere, Natur und Kinder stellen, um alles zu kontrollieren.

Wandele den Weltschmerz in Mitgefühl. Und dann gehe in die Liebe und den Kontakt. Wenn die Liebe zur Natur, zu allen Tieren und nach uns folgenden Generationen erwacht, sorgen wir besser für sie. Das ist wichtig. Nicht nur für die andere Seite, sondern auch für dich. Wenn du dich mit der Kraft der Natur, der bedingungslosen Liebe und Güte von Tieren und der reinen Freude von Kindern verbindest, wird dich das unendlich bereichern und stärken.

Impuls zum Vertiefen:
Dankbarkeit für alle Verbindungen

Nimm dir heute einen Moment, um dir über alle Verbindungen in deinem Leben bewusst zu werden: von Familienmitgliedern und Freundschaften über Tiere, Orte bis hin zu Netzwerken oder kurzen Bekanntschaften. Bedanke dich im Inneren für alle Beziehungen, die dich im Leben genährt und gestärkt haben – und vor allem für jene, die das noch tun. Am Ende danke dir selbst dafür, dass du dich durch das Leben begleitest.

13. SOLLTE ICH SEX HABEN, OHNE ZU LIEBEN?

Lass mich diese Frage erfühlen. Worum geht es dir bei der Antwort? Um eine Erlaubnis? Die Erlaubnis, in deinem aktuellen Verständnis befreit zu sein und das zu tun, worauf du Lust hast oder eher was deine Lust tun möchte? Du darfst alles, wenn es ein wahrhaftiges Bedürfnis ist und dir sowie anderen guttut. Anzuerkennen, dass du Lust hast und diese über deinen Körper zum Ausdruck bringen willst, ist etwas Legitimes.

Aber willst du mich dafür ausschließen, weil es dann einfacher für dich ist? Weil du dann freier in der Wahl bist, mit wem du intim wirst? Weil du alles von dir weisen kannst, auch die Konsequenzen?

Du kannst mich aussperren, du kannst dich allein auf die Lust fokussieren, aber ich werde da sein, weil ich in dir lebe, weil ich deine Heimat bin. Weil ich du bin. Wenn du mich also ausklammerst, dann ignorierst du deine wahren, tiefer liegenden Bedürfnisse.

Nun habe ich Fragen an dich: Was ist es, was du suchst? Was ist es, was du aber nicht finden und lieber verleugnen willst? Ist es dir zu viel, wenn ich involviert bin? Oder willst du mich nicht teilen? Und tauschst du Liebe gegen Sex? Oder Sex gegen Liebe?

Ich möchte dir zuerst sagen: Du darfst, was du möchtest. Was du selbst entscheidest, ist immer okay. Du übernimmst die Verantwortung für dein Handeln. Solltest du das Körperliche gegen Liebe eintauschen? Du musst nicht. Denn vielleicht gehst du einen Umweg. Was du suchst, ist Verbindung. Du möchtest fühlen und mehr Energie aufbauen. Du möchtest in Kontakt mit deiner männlichen oder weiblichen Seite in dir kommen. Durch jemand anderen. Deine Sehnsucht ist natürlich und verständlich.

Doch verstehe: Wenn du berührt wirst, jetzt reden wir über das Körperliche, dann öffne ich mich, weil so viel Energie durch mich fließt. Das ist okay. Es entsteht ein Kreislauf. Je tiefer und intensiver du berührt wirst, desto mehr Energie, desto mehr Verbindung entsteht. Das ist wunderschön – wenn diese Verbindung nährend und heilsam ist.

Doch ich frage dich: Mit wem willst du dich verbinden? Wähle weise. Mit wem teilst und vermehrst du deine kostbare Energie? Wer darf dich so berühren, durchdringen, dass du dich öffnest und durchlässig machst für noch mehr Energie? Ich würde für dich immer jemand wählen, der gute und freie Energie hat. Du erkennst es daran, dass zum Beispiel nicht so viel Scham und Gier präsent sind, sondern mehr Empathie, Freude und Wohlwollen. Du erkennst es daran, dass du keine Zweifel hast, dass du vertraust, dass du dich sicher fühlst und nicht gegen mich arbeitest, sondern mit mir. Kannst du zulassen, mit jedem Atemzug noch weiter und tiefer zu lieben?

Niemand kann dir eine Entscheidung abnehmen, aber du hast immer kraftvolle Unterstützung. Dein Körper sendet dir konstant Signale. Diese Signale kommen aber ursprünglich von mir. Ich sende sie an dein Gehirn, und dieses sendet sie an den Körper. Dann spürst du eine Gänsehaut oder ein Ziehen im Magen. Wir arbeiten zusammen, für dich. Lass also zu, dass du deinen Körper fühlst, denn dann fühlst du mich. Und dann weißt du. Aber nur du kannst handeln. Du entscheidest und handelst. Du agierst aus, was du fühlst.

Falls du aber noch mehr fühlst als mich und deinen Körper, dann entsteht Verwirrung. Es kann sein, dass du die Gefühle der anderen fühlst. Es kann sein, dass sich Gefühle dazwischenschleichen, die du immer wieder aus der Vergangenheit reproduzierst. Eins davon ist Scham. Du würdest es vielleicht nicht als Scham fühlen, weil die Scham oft so tief versteckt wird, dass sie sich nicht unmittelbar zeigt. Du würdest aber Unwohlsein spüren und auch den Wunsch, dich nicht zu zeigen oder dich zu verstecken. Du blockierst dich selbst.

Beschämung entsteht, wenn du nicht mit liebenden Augen angeschaut wirst und wenn du dich nicht mit liebenden Augen sehen kannst. Also, schau noch einmal neu hin, nur du. Sieh dich mit den Augen der Liebe. Und wisse: Egal, was war, dein tiefstes Inneres bleibt immer heil, rein und unbelastet.

Damit dich Sexualität nährt und bestärkt, solltest du ganzheitlich dabei sein. Mit deinem Körper, deinem Geist und deiner inneren Essenz. Ich gehöre auch dazu. Du bist frei in deinen Handlungen, aber du trägst auch die Konsequenzen. Das ist keine moralische Diskussion, sondern eine Entscheidung, wie du dich nährst, wie du dich verbindest und wie du Liebe lebst.

Damit du Erfüllung findest, sollte dein Körper Ausdruck der Liebe sein und auch so handeln. Der Mensch, mit dem du dies teilst, ist bestenfalls auch so weit, diese Verbindung zu fühlen und zu schätzen. Es geht darum, sich gegenseitig zu ehren und zu achten. Es ist ein Geben und Nehmen, über das niemand von beiden nachdenkt.

Es geschieht und ist kein »Wenn du mir das gibst, gebe ich dir das«. Du handelst nicht, du liebst. Du brauchst nicht zu gefallen oder Gefallen geben. Du darfst sein, du darfst vertrauen, du darfst dich hingeben, du darfst teilen, du darfst fühlen, du darfst genießen.

Um in eine erfüllte Sexualität zu kommen, braucht es Einheit. Das heißt, zunächst solltest du mit dir selbst verbunden sein und dein Gegenüber mit sich selbst. Und dann entscheidet ihr euch bewusst, in eine Verbindung auf allen Ebenen eures Seins zu gehen. Ein wunderbares Geschenk. Ein Moment von hoher Energie, Ekstase und großer Schöpferkraft. Wenn ihr beide frei und verbunden seid, könnt ihr einen Raum schaffen, in dem Träume wahr werden können. Ich spreche nicht von romantischen Träumen, sondern davon, zu erkennen, wer ihr seid und warum ihr hier seid. Was ist eure größere Bestimmung, zusammen und jede/r für sich? Dieser Moment ist heilig.

Doch um diesen Raum zu schaffen, braucht es eine innere Bereitschaft und Bewusstheit darüber. Manchmal ist Heilung nötig, auch wenn diese Begegnung heilsam ist. Es braucht Offenheit, Hingabe und Vertrauen, um in diesen Kontakt zu gehen. Dann könnt ihr euch in diesem Raum erfahren, statt über bestimmte Erwartungen Ego-getriebene Erfahrungen zu machen, die doch wieder verschwinden und damit auch die Energie. Dann ist Sex ein Ventil, und einer von euch beiden ist danach belastet. Dann geht es um etwas anderes als einen Energieaustausch in höherer Absicht. Ein Teil von dir wird immer suchend und nicht genährt bleiben. Du wirst in der Tiefe nicht berührt werden, weil keiner von euch beiden sieht – sich selbst und den anderen nicht. Es ist deine Entscheidung. Aber wer oder was entscheidet in dir? Die Vergangenheit? Was möchtest du wirklich?

Und es ist auch okay, wenn du (noch) keinen geeigneten Partner gefunden hast oder diese Form der Sexualität mit deinem Partner (noch) nicht so leben kannst, deine Energie (noch) nicht für deine Heilung nutzen kannst. Lass sie nicht aus deinem Körper schießen, sondern erlaube ihr, auch in dir zu wirken. Es ist eine der stärksten Energien, sie erschafft Leben. Sie ist eine Schubkraft, die dich dabei unterstützt, dein Leben zu erschaffen. In der besten, höchsten und weisesten Absicht. Also, entlade sie nicht unbedingt, lass sie in deinem Körper sein und sich verteilen, dir Energie und Kraft schenken, um zu erschaffen, was du von Herzen ersehnst. Spüre sie und gib ihr einfach mal eine viel größere Bestimmung als kurzfristige Befriedigung.

Wähle weise. Und lass mich bei dieser Entscheidung dabei sein, dann wird es einfacher und nicht schwerer für dich. Dann ehrst und achtest du dich so, wie du geehrt und geachtet werden möchtest. Dann sind deine Schritte heilsam. Dann können wir zusammen noch mehr Liebe erschaffen. In allen Formen.

Impuls zum Vertiefen: Selbstvergebung

Lege eine Hand auf dein Herz und atme bewusst ein und aus. Sage dir im Inneren in deinen Worten, was du und dein Herz hören dürft, damit du freier wirst und dir selbst vergibst, für Entscheidungen und Handlungen, die dir nicht für dein Wohlergehen gedient haben, aber als Erfahrung. Du hast es in diesem Moment nicht besser gewusst. Und du hast genauso gehandelt, wie es für dich möglich war. Wenn du magst, kannst du dich nun entscheiden, es anders zu machen.

Damit du frei wirst, versuche auch allen anderen, die deine Grenzen nicht geachtet haben, zu vergeben. Das ist kein einfacher Schritt, und in manchen Fällen brauchst du dafür Zeit und Begleitung, aber die Motivation könnte sein, dass du frei sein willst. Es geht nicht um den anderen und es geht auch nicht darum, etwas als gut oder richtig zu bewerten. Es geht allein darum, dass du weitergehen kannst. Du hast überlebt, du bist stärker geworden und du bekommst die Chance, erfüllter und bewusster zu leben. Ohne die Schwere alter Belastungen, von Scham und Selbstzweifeln. Du kannst dir erlauben, leicht und freudvoll zu sein, wenn du für dich sorgst und die Verantwortung für dich übernimmst.

14. KANN LIEBE VERGEHEN?

Wenn du davon ausgehst, dass Liebe ein flüchtiges Gefühl ist, vergeht sie für dich. Das ist schade, denn so ist die Liebe nicht angelegt.

Dahinter steht die Erwartungshaltung an die Liebe. Wenn du so denkst, bist du blind für die Liebe. Dann willst du sie festhalten, dann willst du dich verlieben und nicht Liebe sein.

Nehmen wir an, du lernst jemand kennen und möchtest dich in dein Gegenüber verlieben. Du willst vor allem erst einmal, dass er oder sie dich liebt. Richtig? Wie ein Tauschhandel, der Sehnsucht, aber auch Gier, Frust, Ungeduld, Zweifel und Enttäuschung auslöst.

Du wartest, du lauerst, du schaust nach Zeichen und deutest. Oft falsch, denn du liest nicht mit dem Herzen, sondern mit dem Verstand. Wie etwas zu sein hat, wenn man liebt. Dabei hat Liebe so viele Farben und spiegelt sich in so vielen Begegnungen.

Du hast die Liebe schon oft verpasst, weil du auf sie gewartet oder sie erwartet hast. Weil du nicht gesehen hast, wie sie immer fließt. Eltern versagen auch mal, Freunde enttäuschen, ein Kuss ist kein Siegel, Sex kein Versprechen. Wir sind aber immer eins.

Wenn du also jemand kennenlernst, dann erkenne einfach jeden Moment an und spüre, dass bereits alles da ist. Immer. Und dann ist es so, dass wir mit den einen mehr Zeit verbringen und mit anderen weniger. Und manchmal passt es und dann wieder nicht. Dann ist die Zeit abgelaufen. Euer gemeinsamer Weg endet im Leben, aber nie im Herzen. Ihr bleibt verbunden, auf der reinen Ebene des Seins.

Wichtig ist nur, zu merken, dass wenn die Zeit gekommen ist, man weitergeht. Also bleib wachsam, damit du merkst, wenn Bereiche und Beziehungen in deinem Leben eingeschlafen sind. Das Leben ist Veränderung und Wachstum. Dazu gehört auch zu akzeptieren, dass es einen Verlust gibt. Der aber eigentlich keiner ist. Denn alles, was du verlierst, kommt in anderer Form zu dir zurück. Es wandelt sich. Die Orte, die Menschen um dich herum. Aber du bleibst. Du bist immer angekommen, du bist immer zu Hause.

Also, es ist so, dass sich die Lernerfahrung erfüllen kann und du dann weiterziehst. Dennoch ist die Liebe niemals vergangen, auch wenn du sie nicht mehr fühlst. Auch wenn der Hass stärker ist.

Lass dich nicht blenden von der Liebe. Sei nicht blind für die Wahrhaftigkeit hinter allem. Schau genau hin. Und führe dich selbst bewusst durch diesen Prozess. Voller Liebe.

Impuls zum Vertiefen:
Realität anerkennen

Werde dir bewusst, wo du auf die Liebe von jemand wartest oder dich festklammerst, und versuche, diesen Kontakt so zu würdigen, wie er im Moment ist. Und das Gute darin zu sehen. Eine Freundschaft kann genauso wertvoll wie eine Partnerschaft sein. Es ist so, wie es ist. Versuche, keinen Druck auszuüben oder auf die Zukunft zu hoffen, sondern zu sehen, was da ist. Dass die Liebe fließt. Und wenn du das Gefühl hast, dass es Zeit ist, weiterzugehen, dann lass dich nicht aufhalten.

15. WAS IST MUT?

Mach alles so, wie du es fühlst. Dann erreicht dich die gute Energie und du bist begleitet. Es hört sich einfach an, aber in unserer Welt ist dies nicht immer einfach umzusetzen. Herzen sprechen, immer, die ganze Zeit. Immer zuerst, immer in Liebe und immer so, dass es für die Trägerin das Beste ist. Als Herz denke ich an nichts anderes, nur an dich. Das könnte in gewisser Weise egoistisch erscheinen, aber das ist es nicht, im Gegenteil. Nur wenn du deinem Herzen folgst, kannst du mühelos sein und deine Fähigkeiten, deine Schätze mit der Welt teilen. Alles andere zerstört dich, deine Energie und dein Potenzial.

Mut ist nicht, zu kämpfen. Mut ist nicht, laut zu sein. Mut ist nicht, mit der Achterbahn zu fahren. Mut ist Unerschütterlichkeit. Mutig ist, selbstbewusst den eigenen Weg zu gehen und zu vertrauen, dass er in die passende Richtung führt – ohne es zu wissen. Mutig ist, beherzt den eigenen Weg zu gehen.

Doch wie geht das? Es erfordert Konsequenz und genaues Zuhören. Du brauchst diese Verbindung zu mir und das Vertrauen darauf, dass du dich nicht verirren kannst, wenn ich dir die Richtung zuflüstere. Und dann musst du handeln. Dies ist mutig, denn es könnte sein, dass die Entscheidung unbequem ist, dass Konsequenzen folgen. Zum Beispiel sagen Herzen Bescheid, wenn es Zeit ist zu gehen und wenn es besser ist zu bleiben. Zu lange in dem zu verharren, was dich unglücklich macht, oder vorschnell zu verlassen, was dich langfristig glücklich machen könnte, ist eine Ego-Falle.

Wenn du etwas durchdenkst, dann hast du schon verloren. Denn es gibt immer unzählige Vernunftargumente dafür, zu bleiben oder zu gehen. Doch nur du kannst durch mich fühlen, was für dich wirklich stimmig ist. Manchmal sollst du etwas lernen, wenn du bleibst. Manchmal ist die Übung, zu gehen. Und sobald du mit anderen sprichst, schaltet sich ihr System dazu. Zu viele Bedenken, zu viele Sorgen und Befürchtungen können dich ausbremsen. Dabei brauchst du keine Angst zu haben. Auf dem Herzensweg gibt es keine Gefahren, nur Lernmomente und Erfahrungen. Das gehört zum Leben dazu.

Es ist eine wahre Lebenskunst, die du erlernen darfst. Immer wieder Ruhe finden, zuhören, neu ausrichten und dann handeln. Egal, worum es geht. Verharre nicht. Und das ist nicht anstrengend, das ist dynamisch und lebendig. Wachstum. Die Natur macht es uns vor. Ein Schmetterling weiß genau, wann er reif ist und durch den Kokon brechen kann. Würde er zu früh handeln, könnte er nicht fliegen. Wenn er gar nicht handelt, würde er im Kokon sterben, ohne gelebt zu haben.

Du willst nicht sterben, ohne gelebt zu haben. Also, schlüpfe und springe ins Leben!

Mutig ist auch, ein Paradies, das du gefunden hast, wieder zu verlassen. Denn es kann sein, dass du dich zu wohlfühlst. Dann geht die Reise weiter, damit du wachsen kannst. Akzeptiere es und klammere dich nicht daran.

Mutig ist, die Welt verändern zu wollen. Mutig ist, zu lieben und Mitgefühl zu haben. Mutig ist, sich zu ent-täuben und das wahre Selbst zu sein. Mutig ist, wenn du erkennst, dass du ein Teil des Ganzen bist und es keine Unterscheidung gibt. Mutig ist, wenn du die Kraft aufbringst, andere zu inspirieren, auch wenn du Gegenwind bekommst. Mutig ist, sich zu zeigen. In aller Verletzlichkeit, Menschlichkeit, Fehlbarkeit im perfekten Nicht-Perfektsein, in der ganzen Liebe.

Lass dich also bitte nicht aufhalten. Mach Schritte, wie groß oder klein sie auch sein mögen. Du kannst nur im Erleben erkennen, was deins ist. Alles fällt an seinen Platz, auch wenn du denkst, dass du Umwege machst. Alles führt dich ans Ziel. Mit Mut in deinem Herzen kannst du nicht scheitern.

Impuls zum Vertiefen: Mein Mut

Fühle in dein Herz und frage: Was würde ich tun, wenn ich keine Angst oder Bedenken hätte? Was würde ich dann einfach ausprobieren, machen, erleben wollen? Schreibe dir auf, welche Antworten du bekommst: eine Reise oder ein neues Hobby. Welches Abenteuer ruft dich? Und dann suche dir das heraus, was dir die meiste Freude bringt – nur bei der Vorstellung. Gehe noch heute aktiv einen Schritt in diese Richtung! Also wenn du immer mal einen hohen Berg besteigen wolltest, dann suche dir heute aus, welchen. Und nimm dir einen kleinen in der Umgebung vor, um zu beginnen. Schaue, welches Training oder welche Vorbereitung du konkret brauchst. Bleibe jeden Tag dran! Wenn du schon immer ein Buch schreiben wolltest, dann fange jetzt an. Auch wenn es nur ein Satz ist. Wenn du jeden Tag ein paar Sätze schreibst, kommt irgendwann ein langer Text dabei heraus. Wenn du immer mal in ein bestimmtes Land reisen wolltest, dann spare auf den Flug. Der Rest ergibt sich.

16. WIE HALTE ICH HOFFNUNG IN DIR?

Hoffnung ist etwas, woran du dich klammerst, weil du Kontrolle möchtest. Du hoffst auf Verbesserung und Veränderung, weil du nicht im Moment verweilen magst. Aber wofür möchtest du hoffnungsvoll sein?

Du brauchst keine Hoffnung, wenn du voll und ganz bei dir bist und vertraust. Dann kannst du loslassen, geschehen lassen. Dann gibt es Raum, um zu wirken und zu leben. Und in diesem Raum ist alles da, deswegen brauchst du nichts und musst schon gar nichts halten.

Wenn du Hoffnung in mir trägst, fühlt sich das erst einmal gut für dich an. Weil dann dort, wo du sonst Leere vermuten würdest, etwas ist. Doch es ist nur ein Ersatz für die Wirklichkeit. Eine Ausrede dafür, das Leben wirklich geschehen zu lassen.

Lass stattdessen die Freude da sein. Sie ist ein unmittelbares Gefühl und immer ein Motivator. In der Freude strahlst du und hast die meiste Energie. Es geht dabei nicht um die Freude auf etwas oder wegen etwas, es geht um die

Leichtigkeit im Sein und das Zulassen von jeglicher positiven Kraft im Inneren. Es geht darum, weniger zu denken, mehr zu sein und aus diesem Sein zu handeln.

Was dich schwächt, ist diese Hoffnung, die doch nicht erfüllt wird, weil es immer anders kommt und weil du nicht wissen kannst, ob es sich lohnt. Was ist, wenn nicht? Enttäuschung ist ein lästiges Gefühl, das Traurigkeit und Scham mit sich bringt.

Die Hoffnung ist ein Reflex auf eine erdachte Hilflosigkeit, sie macht dich letztlich zu einem Opfer, das voller Erwartungen durchs Leben geht. Und seien diese noch so hoffnungslos.

Die Hoffnung auf Liebe ist ein Verrat an dir selbst. Denn damit sagst du dir, dass sie noch nicht da ist und vielleicht auch nicht kommen wird. Damit belügst du dich, denn die Liebe ist immer da und war nie weg. Sie wohnt in allen Dingen und drückt sich durch alle Menschen aus.

In der Hoffnung liegt aber auch Kraft, hol sie dir zurück. Bring sie in den Augenblick und verwandele sie in Freude und Dankbarkeit. In Demut vor dem Leben. Verneige dich in jedem Moment, weil du die Chance hast, hier zu sein und ein Ausdruck von Liebe bist. Mehr ist nicht nötig. Alles darf einfach sein. Ohne Hoffnung zu sein, heißt frei zu sein. Es wird dir nichts genommen, kein Lebensmut. Du bekommst das Geschenk der tiefen Erkenntnis, das dich befreit.

**Impuls zum Vertiefen:
Meine tiefsten Sehnsüchte**

Was wünschst du dir von Herzen? Zähle drei Punkte auf und spüre die Freude, die dabei in deinem Herzen entsteht. Wie fühlt es sich an? Tausche dich dazu gern mit einer/einem Vertrauten aus und sprich diese tiefsten Herzenswünsche laut aus.

17. WIE KANN ICH WIEDER VERTRAUEN?

Ich verstehe dich. Wenn du davon ausgehst, dass du allein in dieser Welt bist und alles planen und regeln musst, dann ist es schwer, wieder zu vertrauen, wenn etwas scheinbar schiefläuft oder besser gesagt: anders als geplant. Aber wenn du spürst, dass du nicht allein bist in dieser Welt und es einen größeren Plan gibt, dann kannst du einen Teil der Verantwortung abgeben und spüren, dass alles für dich passiert, damit du wächst und damit du immer noch mehr liebst.

Dass du noch mehr vertrauen und lieben solltest, wenn du verletzt worden bist, ist ein völlig neuer Gedanke für dich? Aber fühlt sich das nicht sogar befreiender, leichter und besser an als die Schwere von Verlust, das Brennen von Wut und die Leere der Traurigkeit?

Du kannst nicht immer wissen, warum und wieso etwas passiert und was als Nächstes kommt. Was würde das auch bringen? Das würde dir nur die Magie des Moments und die Überraschung nehmen. Aber du kannst immer vertrauen. Nicht nur darauf, was dir vertraut ist und was du kennst. Vertraue auch und vor allem auf das Unbekannte.

Und vertraue darauf, dass die Menschen immer genau so handeln, wie sie es können. Wenn du dir gewünscht hättest, es sei anders gelaufen, oder du andere Erwartungen hattest, dann vertraue darauf: Dieser andere Mensch konnte zu dieser Zeit, an diesem Ort und in diesem Moment nicht anders handeln, und das Ziel war nie, dich zu verletzen oder dir zu schaden. Oft hat es gar nichts mit dir zu tun. Das gibt dir Freiheit und Zuversicht. Lass zu, dass du überrascht wirst. Entscheide dich immer dafür, alles aus einer anderen Perspektive zu sehen.

Nehmen wir die Illusion. Wie oft bist du einem verlockenden Angebot gefolgt und vorangeprescht. Da kam beispielsweise jemand in dein Leben, der eine romantische Verbindung zu dir wollte, weil er ein Bild von dir gesehen hat, in das er all seine Fantasien und Gedanken projizierte. So wie du. Auch du warst in Gedanken schon zehn Schritte weiter, anstatt im Moment zu sein und die Realität anzuerkennen. Du kannst nichts beschleunigen oder kontrollieren, du kannst nur im Moment sein. Auch wenn dies bedeutet, dass es kein Match ist. Es kann immer alles und nichts zugleich sein, es macht keinen Unterschied.

Was aber etwas ändert, ist, wenn du dir sagst: Mhm, der Mensch ist angenehm, den nehme ich in mein Leben. Doch wenn du die Fakten ignorierst, dass er keine Beziehung sucht, dass er seine Freiheit lebt, dass er keine Kinder möchte, dass er sein Herz gar nicht für dich geöffnet hat, gehst du einen Kompromiss ein oder mehr noch, du ignorierst die Seite in dir, die andere Sehnsüchte hat. Du verleugnest mich. Ich nehme es dir niemals übel. Ich bin immer für dich da. Ich kann nur lieben. Aber ich strahle immer deine innere Wahrheit und deine Sehnsüchte aus, auch wenn du in einem anderen Film mitspielen willst. Deswegen verlassen dich die Menschen, die nicht zu dieser Frequenz passen. Das macht dich traurig? Du hast das Gefühl, abgelehnt worden zu sein? Nein, sei froh! Ich habe es so entschieden. Wir haben abgelehnt und gesagt: Nein, danke!

Und wenn sich alles gut anfühlt, dann genieße es in dem Wissen, dass es vorbeigeht.

Bitte vertraue darauf, dass dein einziger Job ist, für dich da zu sein, dich zu halten, die ganze Zeit. Denn du bleibst mit dir, mit mir, egal, welche Konstellation es im Außen gibt. Versprich dir, dich zu halten und darauf zu vertrauen, dass du immer für dich da bist, nicht von deiner eigenen Seite weichst. Denn wir wollen eine Frequenz, die genauso schwingt wie wir. Erst dann ist es leicht und einfach. Sonst musst du immer aussteuern, du kommst nicht zur Ruhe.

Du findest keinen Frieden, keine Sicherheit und fühlst dich nie geliebt, weil du das Gefühl hast, du müsstest dich ständig ausrichten und anpassen, um geliebt zu werden. Das wollen wir nicht.

Impuls zum Vertiefen: Der Ort des Vertrauens

Überlege nicht, sondern fühle: Wo in deinem Körper ist das Vertrauen zu Hause? Wie genau fühlt es sich an: warm, prickelnd, ruhend, pulsierend? Lass dieses Gefühl auf deine Art intensiver werden und verbinde dich am Tag immer wieder damit, indem du kurz eine Pause machst und eine Hand auf den entsprechenden Körperteil legst. Atme durch diesen, bis du das Vertrauen spüren kannst.

18. WAS IST WAHRE LIEBE UND WIE ERKENNE ICH SIE IN EINEM PARTNER?

Wenn du dich selbst erkennst, siehst du auch die Liebe in jemand anderem. Und das ist der Moment, in dem du sie ironischerweise gar nicht mehr brauchst. Dann bist du frei und hast jegliches Bedürfnis losgelassen. Du musst nicht mehr von jemand geliebt werden. Dann wählst du frei. Und das ist ein gewaltiger Unterschied.

Wenn du aus einem Bedürfnis und einer Bedürftigkeit wählst, bist du nicht nur unfrei, sondern entscheidest dich auch, aus anderen Gründen als der Liebe zu lieben. Das kann nicht funktionieren. Das ist nicht nachhaltig. Zum einen wählst du nicht das Beste für dich und für den anderen, und das erschafft Leiden. Zum anderen machst du dich klein, weil du dir mit der Entscheidung sagst, dass du es nicht schaffst, für dich selbst einzustehen und dich zu nähren, und weil du dich in eine Abhängigkeit von den Worten, den Handlungen, den Entscheidungen, den Launen und der Liebe des anderen begibst. Das ist nicht weise.

Denn es macht dich unfrei. Wahre Liebe kennt kein Leid und keine Schwankungen.

Wenn du dich für das große Glück, die große Liebe, die große Freiheit, die ultimative Einheit entscheidest, dann spüre sie zuerst in dir und bleib so lange Single, bis du dich erkannt hast. Bis du weißt, wer du wirklich bist. Bis du realisiert hast, dass du nichts und niemand brauchst, weil du vollkommen bist, und dass dies nicht einsam macht, sondern vollständig und frei. Keine Wurzeln reichen so tief wie diese Erkenntnis. Du nährst dich nicht ausreichend an etwas im Außen.

Und solange noch ein »Aber« dazwischenfunkt und sich dieser Weg für dich einsam und leidvoll anfühlt, bist du noch nicht angekommen. Erst in dem Moment, in dem du bereit bist, alles auf dich zu setzen und dir so zu vertrauen, dass du weißt: Ich halte mich, egal, was kommt. Ich kümmere mich um mich, egal, was passiert. Dann kannst du der wahren Liebe auch im Außen begegnen. In jedem Moment, in jeder Begegnung. Die Schönheit einer Seerose wird dich so überwältigen, dass du nicht das Gefühl hast, noch irgendetwas dazufügen zu müssen. Und genauso ist es bei dir. Du brauchst zu dir nichts hinzuzufügen, damit du vollständig bist. Du musst dich selbst nicht suchen und nicht finden, bei dir ankommen, bei dir sein. Das alles ist ein Konzept, das dich davon abhält, etwas anderes zu sein als Liebe.

Bei der Suche nach einem Partner ist oft von Ansprüchen die Rede, davon, dass sie zu hoch seien. Das ist ein Missverständnis. Es geht nicht darum, dass der andere sich so verhält, dass es für dich passend ist. Oder vielleicht so aussieht, dass in dir das Gefühl von Gefallen entsteht, weil du gelernt hast, was schön oder nicht schön bedeutet. Oder so im Leben steht, wie du es dir erträumt hast.

Löse dich auch von dem Konzept, dass es einen Soulmate gibt. Also nur eine Option und dass genau diese Option auch eine Liebesbeziehung sein muss. Das baut Druck auf und nimmt uns den Blick auf das Wesentliche: Wir finden Gleichgesinnte, Weggefährten und treue Freund:innen nicht nur in einem Partner, sondern auch in Verbindung mit Tieren, der Natur, Reisebekanntschaften und sogar flüchtigen Begegnungen. Manchmal reicht ein kurzer Blick in andere Augen, um dich gesehen und verstanden zu fühlen. Ohne Worte. Und vergiss nicht: Du hast immer dich. Du bist dein Soulmate.

Es geht einzig und allein darum, dass der andere erkannt hat, wer er wirklich ist, um dich sehen zu können. Auch wenn er in dir allein die Liebe sieht, die er im Herzen trägt (und umgekehrt), dann denkt ihr, dass ihr euch erkannt habt. Aber eigentlich habt ihr in die Tiefe eures eigenen Seins geblickt und euch für diese Offenheit entschieden. Whoohoo, das kann Angst machen. Aber es ist auch der

Beweis: Du kannst jeden Menschen lieben, wenn du erkennst, was Liebe ist.

Deswegen ist es möglich, dass sich zwei Menschen treffen und diese tiefe Liebe von Anfang an da ist. Ein großes Geschenk! Dann wissen aber beide noch nicht, wie sie dieses Geschenk auspacken können. Da beginnt ein Weg. Gemeinsam oder jede/r für sich.

Und im genau passenden Moment, zu gegebener Zeit spürst du das Ganzkörper-Ja, das keinen Raum für Zweifel lässt. Du wirst gar nicht an den Zweifel denken, weil er nicht zu greifen ist. Du wirst keine Angst haben, denn Liebe ist da. Immer. Und es wird einen gemeinsamen Weg geben. Wenn es den nicht gibt, dann war es eine Illusion.

Und dieser Weg wird die ultimative Übung sein. Denn in dem Moment, in dem du denkst, dass du angekommen bist, wirst du erkennen, dass du das, was du scheinbar gefunden hast, in jedem Moment wieder loslassen musst, damit es ewig bleibt.

Impuls zum Vertiefen: Das Ganzkörper-Ja

Hast du schon einmal ein Ganzkörper-Ja gespürt? Gab es einen Moment in deinem Leben, in dem du ganz klar wusstest: Das ist es! Versuche, dieses Gefühl noch einmal in dir abzurufen. Wo ist es besonders präsent? Wie unterscheidet es sich von anderen Körperempfindungen?

19. WAS MUSS ICH FÜR DIE LIEBE TUN?

Liebe ist frei und für alle da. Sie ist ein Schatz, der für alle verfügbar ist, und wenn du ihn teilst, wirst du immer reicher. Also könnte die Antwort sein: Du brauchst nichts zu tun. Aber das solltest du doch.

Allerdings steckt in der Frage auch die Sehnsucht danach zu erfahren, was du tun kannst, um geliebt zu werden. Dies will ich zuerst beantworten: Nichts! Du brauchst nichts zu tun, um geliebt zu werden. Du bist liebenswert, und das ganze Universum liebt dich in jedem einzelnen Moment, egal, was du tust, denkst und fühlst. Egal, mit wem du bist oder nicht. Egal, ob du es spüren kannst oder nicht.

Und hier sind wir bei dem entscheidenden Punkt: Kannst du es fühlen? Das wunderschöne Leben in dir? Kannst du es annehmen, voller Dankbarkeit? Kannst du die unendliche Liebe spüren, die immer durch dich hindurchströmt und dich erfüllt? Um dich dem hinzuwenden, brauchst du eine konsequente Entschlossenheit, die Liebe zu sehen. In jedem Moment, in jeder Begegnung. Und zwar bedingungslos.

Oft denkst du das Leben in großen Schritten. In den Meilensteinen, die dir die Liebe (und oft geht es auch um Anerkennung im Leben) beweisen sollen. Sagen wir mal, du heiratest, hast deinen Traumjob oder was auch immer deine Vorstellungen davon sind, wann die Liebe in deinem Leben präsent sein sollte. Du brauchst aber keine Daseinsberechtigung, du brauchst keine Bestätigung für die Liebe. In großen Schritten zu leben, setzt dich unter Druck und lässt dich immer genau da sein, wo du nicht bist. Es macht dich unzufrieden, rastlos und unerfüllt. Gehe also bewusst die kleinen Schritte. Mit jedem Atemzug, in jedem Moment, und liebe mehr. Ja, liebe mit jedem Ein- und Ausatmen mehr und spüre die Liebe und Verbindung zu allem. Du bist ein Teil des Ganzen, und das Ganze ist ein Teil von dir. Solange du das nicht wahrnimmst, rauscht alles an dir vorbei und du fühlst dich isoliert, egal, wie viele Meilensteine du erreichst. Das wäre schade, denn das Leben und alles, was dazugehört, finden in diesem Augenblick statt. Während du dies liest, ist alle Liebe bereits da. Alle!

Worauf wartest du? Hör auf zu denken, dass du anders sein solltest, damit du diese Fülle fühlen kannst. Verliebe dich in jedem Moment neu in das Leben und du wirst überrascht sein, wie sich das anfühlt. Du wirst die Leichtigkeit und Freude in jedem Moment spüren und das Leben so nehmen können, wie es fließt. Entscheidend sind deine innere Ausrichtung und deine Wahl zwischen Angst und Liebe. Also, schau noch einmal genau hin und fühle, dass das Tun nicht im Außen geschieht, sondern in deinem Inneren. Lass mir den Raum und die Weite. Lass mir die Freiheit und klammere mich nicht aus. Und dann schaue gelassen zu, was im Außen passiert. Du wirst überrascht sein. Es kommt meist noch viel besser, als du gedacht hast. Die Grenzenlosigkeit ist in der Liebe verankert, und wenn du alles auf diese Karte setzt, kannst du niemals verlieren.

In deinem Leben öffnen sich Räume, die du nicht kanntest und deren Betreten dich für immer verändert. Weil du aufhörst, jemand anderes sein zu wollen als du selbst. Weil dein Vertrauen in dich so groß ist, dass dich nichts erschüttert, und weil du erkannt hast, dass Liebe nicht durch Bedingung entsteht, sondern allein in der Freiheit deines Seins.

Impuls zum Vertiefen: Dein Geschenk für die Welt

Wofür möchtest du gern stehen, und wie möchtest du noch mehr Liebe in dein Umfeld bringen? Wie kannst du dein Sein teilen? Dabei geht es nicht immer darum, superviele Menschen auf einmal zu erreichen. Es macht bereits einen Unterschied, wenn du das Leben eines menschlichen Wesens veränderst. Durch Inspiration, durch Unterstützung, durch Mitgefühl, durch Ermutigung. Also, was ist es? Welche Gabe hast du, die du mit Leichtigkeit teilen kannst, damit es noch mehr Liebe in der Welt gibt?

20. WIE FINDE ICH RUHE UND FRIEDEN IN DIR?

Ja, das ist eine wichtige Frage. Denn nur wenn du ruhst, kann sich alles in dir setzen und dein Leben an dir andocken. Dabei kommt es nicht darauf an, wo du bist. Das ist eine Illusion. Der Ort im Außen ist nur geringfügig entscheidend. Natürlich ist es immer leichter, Schönheit und Liebe zu fühlen, wenn du um dich herum Schönes siehst. Aber dein Inneres ist immer der Ausgang. Denn wenn in dir alles verwüstet und dunkel ist, wirst du niemals das Licht im Außen richtig wahrnehmen. Eine blühende Blume kann dann noch so schön sein, sie erreicht dich nicht in ihrer Fülle.

Wenn du aber wie ein See ruhst, ohne erstarrt zu sein, dann kannst du in deiner ganzen Fülle, Schönheit und Präsenz wahrgenommen werden. Dann kann dich alles finden, was zu dir gehört. Wenn du eilst und hetzt, wenn du dir selbst Druck machst, dann eilt auch das Leben an dir vorbei und sieht dich immer von hinten, beim Wegrennen.

Ähnlich verhält es sich mit dem Frieden in dir. Wenn du immer noch das Gefühl hast, in dir ist Kampf, dann wirst du diesen auch immer wieder im Außen ausleben wollen. Dann ist in dir keine Einheit, also bedingungslose und vollkommene Liebe, sondern dann ist in dir Dualität und Trennung von der Liebe. Wer kämpft da aber gegen wen? Am Ende bekämpfst du dich bei jedem Konflikt und jedem Streit selbst. Das bedeutet nicht, dass du dich nicht verteidigen sollst. Aber wenn du in dir Frieden vertieft hast, kann dich kein Streit oder Konflikt mehr finden. Du würdest ihn auch nicht wahrnehmen, weil sich deine ganze Perspektive, ja deine ganze Welt verändert hat. Das gilt es zu verinnerlichen. Die Welt ist eine Projektionsfläche, die du eigenverantwortlich erschaffst. Dafür brauchst du Bewusstheit und Liebe. Wir erschaffen immer. Aber nur wenn alles von Liebe begleitet wird, ist es heilsam. Darin steckt das Geheimnis des Lebens, das einfach zu enthüllen ist. Es ist so einfach, dass du es nicht glauben und annehmen kannst. Aber vergib dir selbst, dass du es vergessen hast und blind durch die Welt gelaufen bist. Schließe deine Augen und sehe! Fühle dich, deine Liebe und die Verbindung zu allem. Und du wirst nie wieder unglücklich sein.

Impuls zum Vertiefen: Das Versprechen an dich selbst!

Nimm Verbindung mit deinem spirituellen Herzen auf. Du kannst dafür eine Hand auf dein Brustbein legen. Atme gelassen. Und dann formuliere in dir ein Versprechen an dich selbst. Es kann ein Satz oder mehrere Worte sein. Oder nur ein Wort. Es ist wichtig, dass es aus dir herauskommt, und dann schreibe dir auf, was kommt. Dies ist ein Versprechen an dich, an das du dich fortan halten kannst. Zum Beispiel: Ich bin Liebe. Ich erlaube mir, vollkommen glücklich zu sein. Ich teile meine Liebe mit der Welt. Ich erinnere mich daran, wer ich wirklich bin, und lebe aus der Liebe und Fülle.

21. WANN BIN ICH ANGEKOMMEN?

Jetzt kennen wir uns eine Weile, und sicher weißt oder ahnst du, was ich antworten werde?

Genau, du bist schon angekommen. Du warst nie woanders. Aber du kannst es nicht erkennen, solange du diesen Raum nicht bewohnst und fühlst. Solange du noch suchst, woanders. Oder ausweichst, immer wieder. Ich bin dein Ort, und du findest in mir und mit mir alles, was du brauchst und willst. Und dann siehst und erlebst du die Entsprechung in der Welt. Mühelos.

Doch der Weg dahin ist nicht so leicht zu finden und schnell zu gehen, weil du so weit weg warst und weil unsere wenig menschenfreundliche Welt dir jeden Tag mehrheitlich etwas anderes vorlebt. Die gemachte Welt führt dich weg von dir, und wenn du in der zunehmenden Schnelligkeit dort eincheckst, bist du verloren. Dann läufst und hechelst du immer irgendetwas hinterher, das dich niemals glücklich macht. Diese Welt lockt dich immer wieder aus deinem sicheren Zuhause, und du meinst, dort die Sicherheit zu finden, die es da gar nicht geben kann. Eine Versicherung kann dich nie vor Schaden beschützen. Du kannst ein Haus, einen Job jederzeit verlieren. Und es ist viel schwerer damit umzugehen, wenn du aus einer vermeintlichen Sicherheit alles verlierst, als wenn du schon vorher erkennst: Nichts gehört wirklich dir, außer der eigene Körper. Und alles ist vergänglich, außer deiner Essenz.

Wem willst du aber vertrauen? Wie kannst du dich orientieren? Die Wahrheit ist: Nur dir selbst und allem, was mit dir in reinster und höchster Absicht verbunden ist. Und das gilt es herauszufinden.

Dafür ist es wichtig, dass du immer wieder innehältst und dich selbst beobachtest und reflektierst, dich liebevoll begleitest und unterstützt, bis du dir ein wunderschönes Zuhause in dir geschaffen hast. Dort bist du frei. Dort kannst du gelassen durchatmen und von dort aus kannst du alles erschaffen.

Geh los, noch jetzt. Finde dein Zuhause und damit dich. Denn du bist nie bereit dafür, loszugehen. Wir sind nie bereit. Wie kann es auch sein, wenn wir neue Schritte gehen?

Nichts und niemand kann uns darauf komplett vorbereiten. Aber du solltest handeln, denn im Wartemodus entstehen neue Unsicherheiten und eine Starre, die es zu beleben gilt. Das kann dauern. Und es ist okay. Du hast deine Zeit und du darfst Schritt für Schritt gehen. Aber gehe. Denn sonst kommst du nie an.

Du wirst wissen, wann du wahrhaftig angekommen bist. Denn dann hört die Suche auf. Dann kehrt Ruhe ein. Dann sind die Zweifel besiegt. Du kannst dich selbst und das Leben dankend umarmen. Du erkennst dich selbst und spürst, dass die größte Angst immer die eigene Vergänglichkeit ist und dass sie eine Bedrohung für dich ist, die dich einschränkt. Aber du gehst immer weiter und nimmst mich mit.

Impuls zum Vertiefen: Fragen der Herzweisheit

Es gibt nun ein paar Fragen vom Herzen an dich, die du dir selbst beantworten kannst:

- Was berührt dich?
- Wann fühlst du dich sicher?
- Was wolltest du schon immer machen?
- Was wäre, wenn du keine Befürchtungen hättest?
- Worauf wartest du noch, und was hält dich zurück?

22. WAS MÖCHTEST DU MIR NOCH SAGEN?

Liebe ist, wenn du keine Fragen mehr hast. Ich bin du, du bist ich.

Impuls zum Vertiefen:
Die Stimme deines Herzens

Nimm dir einen Moment mit geschlossenen Augen und fühle in dein Herz. Spüre ganz bewusst deinen Herzschlag. Dann lass die Energie in deine Stimmbänder fließen, öffne deinen Mund und entlasse mit dem nächsten Ausatmen einen Ton. Wiederhole dies so lange, bis du das Gefühl hast, dass du die Stimme deines Herzens hören und fühlen kannst, und spüre die Vibration in deinem Körper.

MIT HERZWEISHEIT LEBEN

Und nun? Jetzt beginnt der spannendste Teil: Das Leben als ein wunderbares Geschenk anzunehmen, das dich in deine wahre Essenz führt, wenn du dich darauf einlässt. Halte den Raum des Herzens für dich und mache es möglich, dass das Mitgefühl und die befreite Liebe durch dich in die Welt kommen. Navigiere mit deinem weisen Kompass.

Ich weiß, dass es ab und zu eine Herausforderung sein kann, diesem Weg in ein bewusstes und intuitives Leben zu folgen. Es bedeutet, dass du dich voller Hingabe darauf einlässt und immer wieder dorthin zurückkehrst, wenn du mal vom Weg abkommst.

Vermutlich werden die Fragen erst einmal nicht weniger werden, sondern mehr: Wie kann ich in einer Welt, in der es noch Krieg, Hunger und Umweltverschmutzung gibt, in bedingungsloser Liebe sein? Ist das egoistisch? Was ist, wenn mein Umfeld komplett anders lebt? Was mache ich, wenn ich krank werde? Was tue ich, wenn der Schmerz über einen Verlust mich in der Traurigkeit gefangen hält?

Eins ist gewiss: Wenn du in Verbindung mit dir und deinem Herzen bist, wenn du diese höhere Instanz von Gleichmut, Gelassenheit, Güte, Leichtigkeit und völlig freier Liebe spürst, dann hast du immer einen Ort, an den du gehen kannst, um zu sein oder Antworten zu finden. Vertraue darauf, dass es kein Glück oder Unglück gibt, sondern dass du tiefen Frieden und Erfüllung woanders findest. Jeden Tag ein bisschen mehr, in deinem entspannten Herzen.

Wie kann das in der Praxis aussehen? Es liegt an dir. Bei mir sieht es so aus, dass ich jeden Morgen zuallererst in meinen Herzraum fühle und dort Dankbarkeit entstehen lasse, indem ich mein Leben akzeptiere. Dann bitte ich um Klarheit und Unterstützung, damit ich weise handeln kann. Bei allem, was mir dann im Alltag begegnet, versuche ich, nicht in die Passivität oder in Gedanken zu rutschen, sondern halte mich in diesem weiten Raum der Möglichkeiten und weiß immer um meinen Handlungsspielraum im Leben. Ich habe immer die Wahl, aus welcher Perspektive ich etwas sehe. Und ich versuche, Liebe und Frieden zu wählen. Das bedeutet nicht, dass ich Gefühle wie Traurigkeit oder Wut verdränge, aber ich lasse mich davon nicht bestimmen.

Dieser Ort der inneren Leichtigkeit, Freude und Liebe ist heilig. Und er wird ganz sicher dein gesamtes Leben und darüber hinaus für dich da sein.

Was würdest du nun also ab heute anders machen? Wie schaust du auf dein Leben, wenn du mit den Augen der Liebe siehst?

MEDITATION ALS DOWNLOAD-OPTION

Über diesen Link www.penguin.de/dohler-herz oder den untenstehenden QR-Code findest du eine geführte Meditation von Christine Dohler, die dich auf dem Weg zu deinem Herzen unterstützt.

Meditation: »Verbinde dich mit deinem Herzen«

Unsere Leseempfehlung

224 Seiten
Auch als E-Book
erhältlich

Rituale sind so alt wie die Menschheit und begleiten uns auch heute noch täglich. Sie stärken uns und geben Halt – gerade in einer Zeit, in der sich das Leben immer mehr beschleunigt und viele Menschen sich von den klassischen Weltreligionen lösen. Christine Dohler hat auf der ganzen Welt an den unterschiedlichsten Ritualen teilgenommen und zeigt, weshalb uns eine Morgenroutine gut in den Tag starten lässt und wie wir mit kleinen Ritualen auch an einem stressigen Arbeitstag das innere Gefühl von Zufriedenheit bewahren. So können wir die Kraft der Rituale für uns nutzen und sie zu einem Teil unseres Lebens machen.

goldmann-verlag.de